GAOXIAONENG
DAIBAN CELUE

祁进国——著

高效能带班策略

大夏书系·全国中小学班主任培训用书

华东师范大学出版社
全国百佳图书出版单位
·上海·

目 录 ▼

2

第二辑

3

第三辑

4

从"心"开始，从"新"出发
——提高沟通的效能 ◣

第四辑

依托集体，守正出奇
——提高助推学生个体成长的效能 ▼

第五辑

明确边界，深度融合
——提高家校合作的效能 ▼

第六辑

自 序 ◣

一 ◥

在我的熟人圈子里，我的记性差是出了名的。高中的时候我读的是文科，要背要记的东西很多。很多同学记一两遍就记住了，也不乏过目不忘的记忆天才，而我却要记五遍十遍。我有时候甚至起早摸黑在冰天雪地里捧着书或者笔记本背，因此双手经常生冻疮，以至于现在好几个手指都略微变形。此情此景，颇有些囊萤映雪的艰辛和悲苦。但我最终以"十"抵"一"，以勤补拙，以还算不错的成绩考进了师范院校。

当了老师后，记性不好依旧成为困扰我工作和生活的障碍，以至于工作效能低下。教材内容和备课内容总是记不住，以至于我经常要反复地复习，有时候课堂上还会"忘词"；当班主任管理班级事务繁多，总是忘记最近要完成的任务，以至于我经常被班级学生按班规"处罚"；参加多年前带过的学生的聚会，总是忘记了学生的名字，以至于我经常张冠李戴，笑话百出。

记忆力差的硬伤难治，再加上我的悟性不高，我的教育教学工作可谓困难重重。而我偏偏热爱班主任工作，立志当一辈子的班主任，有一段时间还连续好几年同时担任两个班级的班主任。和普通任课教师相比，班主任要做的事更多，要记的东西也更多。但是办法总比困难多，除了继续采取以

"十"抵"一"、加倍努力、向时间要质量的策略外，我还慢慢摸索出了一些可以最大限度缓解和抵消因记忆力差而产生的负面影响的方法。

在班级管理工作实践中，我反复思考，研究出了如何快速记住学生名字的小窍门；我用工作手账、任务便条等方式提示自己，防止遗漏任务。当我忘记任务时，学生也会以各种方式提醒和帮助我。比如，班委会组织全班同学专门召开"应对老祁健忘症专题研讨会"（学生喜欢叫我"老祁"），决定通过写提醒便条、安排特别助理等方式，刺激我的记忆神经，弥补我记忆力差的弱点。学生参与的力量，虽然治愈不了我的记性不好和悟性不高的"痼疾"，但是却帮助我这位有些"笨笨"的班主任大大提高了班级管理的效能。学生的助力，使得我有如神助。"和学生同呼吸共生长"，这句话在不知不觉中成为我开展班主任工作最核心的价值导向和追求目标。

作为班主任，需要不断地给学生赋能，通过各种平台、各种途径、各种方式给予学生个体成长和班级集体发展的动能，让他们成为自我成长和班级建设的主人。当然，作为班级管理的首席，班主任还要不断给任课教师和家长赋能，让更多的人参与到班级管理和建设中来，让班级成为一个能量场，不断地集聚、传递和释放能量。唯其如此，才能提高班级管理的效能。也正因如此，我把20多年来的实践和思考，通过文字汇聚成这本书，既是自我总结和提炼，也是与同行们的分享和交流。

二、

本书共六辑。涉及班级管理和建设的几项核心内容。

第一辑，介绍如何提高班集体建设的效能。班主任要运用系统思维，对班集体建设进行顶层设计，确定班集体建设的总体框架和核心目标，借助系列化的班级文化产品，打造有特色的班级文化，实现文化赋能、文化引领，使班集体有了赖以存在和发展的精神内核。

第二辑，介绍如何提高班级日常管理的效能。大处着眼，小处着力。班级管理和建设有了整体的设想和框架，还需要做好日常细节工作。通过课程化举措培养专业化的班干部，实现自主管理；精心做好每一件小事，让教室流淌着诗意、爱意和温度。

第三辑，介绍如何提高班级主题活动的效能。活动是最好的德育载体，没有活动的班集体是没有生命力的。活动不能流于形式，也不能受制于低效。努力做到"五有"（有组织、有计划、有方案、有记录、有总结），打造高效的班级主题活动，在丰富多彩的活动中不断赋能，提高活动的附加值。

第四辑，介绍如何提高沟通的效能。班主任工作的独特性，要求班主任必须努力做一名沟通的高手。班主任需要根据学生个体和共性的心理特点，结合时代环境，通过变换时空和方式，提高沟通的有效性。

第五辑，介绍如何提高助推学生个体成长的效能。每一个学生的个体成长都有其独特的路径，班主任可以为其建档，留下痕迹，总结规律和经验。而通过私人定制等各种方式的奖励和表扬，可以不断为学生的个体成长注入能量。

第六辑，介绍如何提高家校合作的效能。班主任需要搭建平台，使家校双方在明确责任边界的基础上，构建新型有效的家校合作关系，实现深度融合。通过组建专业化的家委会，组织开展有价值的家校共育活动，提高家校合作的效能。

希望通过本书中真实的故事和粗浅的想法，能给同行们带去些许触动，一起思考教育的更多可能。

1

第一辑

顶层设计，
文化引领

——提高班集体
建设的效能

· · · · · · · · · · ·

系统思维是迄今为止人类所掌握的最高级的思维模式之一，班主任在班集体建设过程中，需要运用系统思维，对班级进行顶层架构。班级文化是一个班级的精神和灵魂，班集体建设需要班级文化的引领。有了它，一个班级才有了真正的生命；有了它，班集体建设才能实现高效能。

1. 班级管理的 核心理念和目标

— ╲

每所学校都有自己的办学理念。它是一所学校制定管理制度、谋划管理策略、实施开展学校各项管理工作的价值导向和终极目标。同理，每个教育工作者都有而且必须有根植于内心深处的教育核心理念。作为班主任，教育的核心理念一般也可以理解为班级管理的核心理念。班级管理的核心理念是一个班主任开展一切班级管理工作的价值导向和终极目标。具体说来，班主任做任何关乎班级的事情，无论是进行班级发展的顶层设计，还是制定哪一项班级制度，实施哪一种班级管理策略，开展哪一次班级活动，都必须从班级管理核心理念出发，并以此为导向和终极目标。

在我长达二十几年的班主任工作经历中，我的班级管理核心理念在传承的基础上，不断更新和升华。大概在十几年前，我的内心深处逐渐形成相对稳定、成熟的核心理念：和学生同呼吸共生长。这一理念的产生，是基于对教室的全新理解。我认为，每一间教室都是由几十个鲜活的生命体构成的，每一个生命体在教室这个空间里共存，每时每刻彼此都会有交集。也因此，一间教室里每天都在演绎着无数个不同剧情、不同风格的故事，或喜或悲，或乐或忧，或疾或徐，或明或暗。一间教室就是一个世界，一个多姿多彩的充满生命气息的世界。教室就是一个生命场，是由几十个鲜活的生命体组成的生态系统。理想的教室，就是使每一个学生（生命体）都能自由呼吸、快乐成长的教室。作为生命个体一分子的班主任，在教室这个生态系统里，与其他生命个体一起汲取能量、传递能量、产生新的能量，同呼吸，共生长。

此后，"和学生同呼吸共生长"这九个字就一直伴随着我，成为我开展班主任工作最核心的价值导向和追求目标。也可以这样说，当我接手一个新班或者中途接班，甚至当我走进教室前，总是常常想起这九个字，我会不断提醒自己：我这样想这样做，有没有偏离和违背这九个字？

"和学生同呼吸共生长"这九个字包含着两个方面的核心内涵：一是班主任和学生在班级这个生态系统中，同呼吸共命运，是"利益共同体"或者说"命运共同体"，彼此荣辱与共、风雨同舟；二是班主任和学生在班级这个能量场中，彼此吸收和传递能量，互相帮助、携手共进、共同成长，形成"发展共同体"。在我看来，班级就是教师和学生共存共生的一个地方。

二、

我的班级管理核心理念包含两个方面的核心内容：一是班级发展核心目标，二是学生个人发展核心目标。班级发展核心目标，我把它提炼为：打造"六好班级"。学生个人发展核心目标，我把它提炼为：培养"七有少年"。也就是说，我无论在什么样的学校带什么样的班级，都会把打造一个"六好班级"作为核心发展目标。同理，无论我面对什么样的学生，都把培养"七有少年"作为核心发展目标。具体内容后文会详细展开。

三、

有了班级管理的核心理念和核心目标，就有了班级管理的价值导向和终极目标。然后，面对一个个由一群活生生的生命个体组成的具体的班级，班主任需要运用系统思维进行顶层设计。一个真正优秀的班主任，一定会运用系统思维对班级的管理和发展进行顶层设计。

系统思维是从系统观点出发，从系统与元素等诸多关联中，把握客观对象的系统性本质及其演化规律，从而实现多方位、多层次且最有效、最优化处理问题的一种思维方式。系统思维在所有管理思维中起着统帅作用，是迄今为止人类所掌握的最高级的思维模式之一。系统思维方式主要以整体性、结构性、立体性、动态性和综合性等特点见长，这几个特性在班级管理系统中都可以找到对应关联的点。因此，运用这种思维对班级管理和发展进行顶层设计，是最适切的。

班主任在班级管理过程中，必须在自己的思维体系里形成系统观念，摒弃单一、静态和零散的思维方式，运用系统思维中的整体思维、动态思维和综合思维等方法，提高班级管理的效能。

四 、

如何进行班级管理和发展的顶层设计？这里首先要关注两个前置条件。

在进行班级顶层设计前，要充分考虑班级原生教育生态。所有教育行为的原点都应该是学情，任何教育行为的发生都应该从学情出发，班级管理也不例外。作为班主任，在对班级进行顶层设计之前，必须充分了解班级的实际情况，即班级原生教育生态。

班级的原生教育生态千差万别，哪怕是同一所学校，同一个年级，甚至是同一个层次的不同班级，也会有明显的差异。这里面有"机缘巧合"，有略带"运气"的成分。比如，这个班氛围比较活跃，那个班氛围相对比较"沉闷"；这个班学生自觉性普遍较强，那个班学生自觉性普遍较弱；这个班有才艺特长的人很多，那个班这方面的人才相对较少；等等。而不同学校的班级，不同层次的班级，差异性则往往会更大。所以，对班级进行顶层设计之前，必须全面、充分、细致地了解整个班级的各方面情况，这样的设计规划才能契合班级和学生的实际，更好地促进学生的发展，即达到因材施教的效果。

在进行班级顶层设计前，还要充分关注学生发展的核心素养。十八大和十八届三中全会提出的关于立德树人的要求必须落到实处，2014年教育部研制印发《关于全面深化课程改革　落实立德树人根本任务的意见》，提出"教育部将组织研究提出各学段学生发展核心素养体系，明确学生应具备的适应终身发展和社会发展需要的必备品格和关键能力"。学生发展核心素养，主要指学生应具备的，能够适应终身发展和社会发展需要的必备品格与关键能力。我们对班级进行顶层设计，目的就是更好地实现学生核心素养的发展。

　　班主任要以前面所述的班级管理和发展的核心理念、核心目标为价值导向与终极目标，融合以上两个维度的前置条件，运用系统思维，进行班级的顶层设计，制定班级发展规划，勾画出班级发展的愿景，即美好蓝图。

<h1 style="text-align:center">五 ▶</h1>

　　班级发展规划，分为长期、中期和短期。当班主任接手一个新班时，他就要和学生一起对班级进行整个学段的三年或者六年的规划。以我所带的初中班级为例，我要和班级的学生们一起勾画出三年后班级的样子和我们每一个学生的样子，制定出三年后的发展目标。同时，每一个年度，每一个学期，还要制定中期发展目标和计划，甚至有些方面的工作，每一个阶段、每一个月、每一周，还要有相应的短期目标和计划。同理，即便是中途接班，也要对班级未来一年或者两年的发展进行规划。

　　当然，每一个学生个体都是动态发展和变化的。学生长期的目标和心目中未来自己的样子可能会发生变化，需要根据实际情况进行调整。

2. 班级发展的核心目标
——打造"六好班级"

前面讲到，班主任要对班级的管理工作确定核心目标，以此作为对一个具体的班级进行顶层设计，勾画美好蓝图和发展愿景的价值导向与终极目标。因此，在充分理解教育本质和学生核心素养内容要求的基础上，无论我所带的是什么样的班级（无论是一个学霸云集的重点班、实验班，还是一个学习上表现平平的普通班；无论是一个原生氛围很好、学生普遍很乖的班级，还是一个原生氛围不太好、学生普遍比较调皮的班级），都有一个核心的发展目标：打造"六好班级"。当然，在核心发展目标的基础上，我还会根据班级的原生教育生态，即班级实际情况，再制定各方面具体的发展目标。

所谓的"六好班级"，包含六个方面：好美丽，好和谐，好温暖，好阳光，好上进，好民主。这里的"好"是一个程度副词，是很、十分、非常的意思。用"好"，带有一种赞叹的语气。我们的班级给人的感觉是"好美丽哦""好和谐哦"……所以，我很喜欢用这个"好"字。对于这六个方面，我们会在每一个发展阶段以"指数"的形式进行小结和评价，因而也形成了对应的"美丽指数""和谐指数"等六大指数。下面对这六个方面的内容要求进行具体阐述。

好美丽 ◥

作为一间理想的教室，学生要在这个空间里自由呼吸、快乐成长，首先需要一间美丽的教室。美丽的前提是干净整洁，如果一间教室是乱糟糟的，到处都是垃圾，那么，即便窗台上摆着几盆漂亮的花儿，或者墙上挂着几幅精致的书画，也不能真正给人愉悦的体验。在保证整洁的基础上，我们需要对教室进行美化，进行精心的设计，并形成特色鲜明的班级样貌。

所以，即便是学霸云集的所谓重点班，我们也不能让学生只是"低头只读圣贤书"，教室里不能只是叠满教科书和教辅资料，更不能只是书和本子的乱堆乱放，我们要求学生将书摆放整齐，甚至可以摆出有创意、有美感的造型。除此之外，教室里还得有绿植，有字画等学生的作品，以装点学习生活的空间。我们以此告诉学生们，良好的环境能够滋养、熏陶人的身心，教室是一个生命场，而不只是学习的战场，应该有生命的气息。而当接手一个学习成绩平平的普通班，我更是会以教室环境美化为抓手和突破口，让学生的心灵在美好的环境中浸染、净化、成长，从而去唤醒学生，影响学生的行为。

好和谐 ◥

一个成熟和优秀的团队一定是非常和谐的，团队成员之间有充分的默契。要打造一个班级，我们需要通过一系列的规则和制度去规范、统一学生的行为；同时通过舆论宣传、活动开展等，有计划地引导和改变学生的心理认知，使学生逐渐拥有饱满的团队精神，形成强烈的规则意识。

所以，我希望我的班级尽可能在我接手半个学期之内，师生、生生以及家校之间能够和谐相处，形成默契。我希望，老师往讲台上一站，学生大概知道老师今天要做什么；我希望，今天班级要开班会、搞活动，班干部需要做什么，其他学生需要做什么，大家心里有数，各自准备；我希望，今天老师在家长群里发布一个通知，家长知道怎么做，如何配合。当师生之间、生生之间或者家校之间彼此有什么意见或者矛盾，我们应该用最科学的方案，以最合适的方式去面对和解决。

好温暖 ↘

与和谐一样，温暖是一种良好的团队氛围和人际关系。一个优秀的团队，不但需要成员之间有默契，关系和谐，秩序井然，而且需要加点温度，需要有浓浓的人情味，需要团队成员之间能够做到团结友爱。一间有温度的教室会形成一个独特的场域，这个场域会源源不断地聚集生发出各种能量，使得每一个个体心情愉悦，个体之间彼此汲取更多的力量，从而实现更快更好地成长。这样的教室是充满幸福感的。

所以，我们需要通过舆论宣传，通过各种丰富的班级活动，让学生体验和意识到一间教室、一个班级需要有温度，要让每一个学生在班级里不断获得幸福感。在我们的班级，当有学生生病或者受伤时，老师或者其他学生会第一时间主动上前帮助；当有学生因为学习或者其他原因情绪低落时，老师或者其他学生会第一时间过来安慰、鼓励；当有学生生日或者获得荣誉时，全班师生会和他一起庆祝；当有学生参加比赛或者其他展示活动时，全班师生都会在一旁呐喊助威。而且，最重要的是，在一个真正优秀的团队里，这样的互相帮助、团结友爱，是师生自发自觉自然的行为，是绝大多数甚至全班师生的心理共知。

好阳光 ↘

当班主任接手一个新班或者中途接手班级时，你所面对的班级原生教育生态是不一样的。你所面对的这群学生也许阳光开朗的居多，整体上比较活跃；也有可能内向安静的居多，整体上比较沉闷。但是，无论是什么样的教育原生态，作为班主任，我们需要从实际情况出发，通过舆论宣传和班级活动，去打造一个充满活力的班集体。当然，每个孩子都有自己的个性，尤其是有些先天的气质特点是很难完全改变的，我们允许这种个体差异的存在。

我们不能把一个性格内向、沉默寡言的孩子彻彻底底地改变成为一个性格外向、活泼开朗的学生，但是，我们至少可以改变学生的一部分个性气质，使特别内向、沉默的学生稍微变得外向、开朗一些。我们不能让全班所有的学生都成为外向活泼的孩子，但是，我们至少努力使更多的学生不那么内向、沉默。所以，我们以良好的班级整体氛围去影响内向、沉默的学生，通过各种途径和方式，开展各种活动，去激活学生们内心沉寂的因子。

好上进 ⬎

一个优秀的团队一定是一个积极向上的团队。所以，无论我们所带的班级本来就是一个学生们在各方面普遍积极上进的班级，还是一个学生们学习积极性普遍不高，其他方面也普遍缺乏进取心的班级，我们都要想尽一切办法，让这个班级变得积极上进或者更加积极上进。我们可以加强舆论宣传，通过励志教育等班级活动，树立班级榜样，形成积极上进的班级氛围；可以通过导师制、小组合作等方式，使学生们相互合作，相互竞争，相互影响，相互促进。对于特别消极、慵懒的特殊个体，需要点对点实现重点突破，激活他们的热情。

我们不但希望学生在学习上积极上进，也希望他们能全面发展，努力做到"五育并举"，进而引导学生发挥自己的优势长处，树立自信，形成积极的心理情绪，并将这份良好的心理情绪迁移到其他方面，从而提升学生的综合素质。

好民主 ⬎

一个优秀的团队一定是一个民主的团队。作为班主任，不能总是以所谓的"师道尊严"自居，要学会俯下身子，放低姿态，和学生平等相处；要通过舆论宣传和活动开展营造良好的民主氛围，培养学生的民主意识。班级规章制度的制定，要广泛征求学生的意见，或者和学生一起讨论制定；班级事务要大胆地放手给学生，强化他们的主人翁意识，使他们做到自主管理；班级需要安排什么活动，要尽可能提前告知学生，或者事先征得学生的同意。

从意识形态上看，民主是一个团队建设的核心，是团队成员关系中一种非常高级的特征。作为一个团队的组织者和管理者，因为作风民主，将会获得更多人的理解、信任和支持。也唯其如此，这个团队才能走得更远，发展得更好。

3. 个体发展核心目标
——培养"七有少年"

前面讲到，班主任对学生个体发展有整体性的核心目标，这是作为引导自己所带班级的学生制定个人发展目标，进行个人发展规划时的价值导向和终极目标。我们所教的学生无论是学霸还是后进生；无论是乖巧听话的学生，还是调皮顽劣的学生；无论是兴趣爱好广泛，综合素质较高、综合能力较强的学生，还是基本没有什么兴趣特长，综合素质较低、综合能力较弱的学生，我们都要充分发挥班主任在学生成长道路上的角色功能，引导学生深入认识自我，挖掘自己隐藏的优势潜能，助力学生朝着个体核心发展目标努力。因为我所任教的学段是初中，我把学生个体发展核心目标称为"七有少年"，其实也可以根据学段不同，迁移为"七有儿童"和"七有青年"。这七个方面都非常重要，都是指向学生或者人的核心素养。

有品格 ◥

这里的品格是指人的品性修养。人无德不立。教育的首要任务是将受教育对象培养成有良好品德修养的人。学生要有良好的道德情操，学生的言行举止要符合道德规范。所谓立德树人，培养学生良好的道德品质，应该是教育的起点和终点。一个人要有良好的修养，而良好修养的养成，离不开家庭教育和学校教育。学生的言行举止要大方得体，让别人感到舒服，这就是修养。

有体魄 ◥

身体是革命的本钱。没有健康的体魄，遑论其他任何所谓的目标价值。中小学阶段，是孩子身体成长发育的黄金时期。因此，班主任应该将身体健康作为孩子个体发展核心目标中的基础目标。

事实上，我们所遇到的学生，因为先天和后天的各种因素，身体素质差别很大。一个班级，总会有相当一部分孩子身体素质较差，或者不喜欢体育运动，不喜欢锻炼身体。作为班主任，需要通过班级舆论宣传、个别谈话及活动开展等，引导学生改变观念，统一思想，提高对体育锻炼重要性的认识。

学生的体育锻炼和健康状况并非单单是体育老师的事情。作为班主任，有必要查阅学生身体发展的相关理论书刊，向体育老师等专业人士咨询讨教，了解相关学科知识。在此基础上，再结合学校体育课的安排和课外体育活动计划，和体育老师一起，对学生尤其是体质较弱的学生进行身体锻炼的个性化订制，以此提高每一个学生的身体素质，让每一个学生都成为有健康体魄的人。

有智慧 ◥

学校是求知的场所。学习是智慧的源泉。学生在学校里的核心任务自然是读书求知，让自己变得更有智慧。孩子的学习基础有好有差，智力也有高下之分。除了所谓重点班、实验班，在一个班里，总有学霸和学习成绩平平的人。作为班主任，要根据每个学生的学习基础和其他主客观条件，和学生及家长一起，充分交流讨论，制定具体的学习目标和切实可行的方案计划，为每个学生学习成绩的提升设计出最优化的路径，并利用班级资源给每个学生尤其是后进生以最有效的帮助。

有爱心

一个社会，有了爱，就有了一点温度，有了一份美好。我们在享受别人的爱的同时，也需要付出爱。爱自己，爱家人，爱其他身边的人，爱自己所在的集体。对国家和社会有一种大爱。有爱心应该是一个孩子思想情操中最温暖的底色。培养冷冰冰的自私功利的学霸，一定不是教育的最根本的目标。班主任要通过舆论宣传和班级活动，让每一个学生都能理解爱，感受到爱，意识到爱的重要意义，并引导学生成为有爱心的人。"只要人人都献出一份爱，世界将变成美好的人间"，这样的认知要浸润进每个学生的心田。

有担当

今天的孩子大多生活在衣食无忧的家庭环境中，如养育不当，则孩子容易缺少责任心，没有担当。随着年龄的增长，一个孩子可以做的事越来越多，需要承担的责任越来越多。每个孩子都是家庭未来不可替代的顶梁柱，是社会未来建设发展的主力军。作为未来家庭和社会的希望，孩子在学生时代就应该具备一定的责任感和担当意识。一个学生有了责任担当，就会对自己的言行举止有更高的要求，未来也更能适应自己的社会角色。

有情趣

作家贾平凹说："人可以无知，但不可以无趣。"大家都喜欢有趣的人。兴趣是最好的老师，好奇心强是孩子区别于大人的一种心理特质。我们的孩子不应该只是学习的机器，应该对这个世界、这个社会的某一方面或者很多方面充满热情和兴趣。学习本身的乐趣可以让部分孩子乐此不疲。除了学习之外，每个孩子还应该有自己感兴趣的东西，文艺、体育、天文、地理、历史，等等。我们希望每一个学生都永远保持对世界的热情和兴趣，都有一个有趣的灵魂，都是一个有着良好审美情趣的人。

有思想 ◥

笛卡尔说："我思考，所以我存在。"帕斯卡尔说："人是一根会思想的芦苇。"人不是机器，学校不是工厂，学生不是产品。每一个学生都是一个独特的生命体。我们需要培养学生独立思考的习惯，鼓励学生做一个有思想的人，有自己的立场观点和独立的思维空间，有自己的人生理想和追求。在一个班集体里，大家集思广益，智慧碰撞，观点交锋，在此基础上，融合共建一种班级的共同价值观。同时，班级的共同价值观里包含着很重要的一条——让每一个孩子都保持独立的个性，促进每一个孩子的个性化发展。

4. 班如其名

俗话说"人如其名"，一个人出生后，父母长辈总希望给自己的孩子起一个好名字。同样的，一个班级也需要一个好名字。它是班级的第一块招牌，是一个班级给别人的第一印象。从首因效应角度分析，第一印象具有特殊的重要作用。班名也是班级文化建设构成中的重要元素，一个好的班名会让学生产生文化认同感和归属感。

那么，什么样的班名才是好的班名？这里的"好"，不如说是"合适"。就像人名一样，班级名字也没有绝对的好坏之分。适合的就是最好的。所谓的适合，就是适合班级学生的整体气质，适合班主任自己的个性；与班级的顶层发展目标契合，与班主任的班级管理理念契合。放眼全国，这么多的班级，班名也是数不胜数，风格各异。有的班名很通俗，叫起来朗朗上口；有的班名很雅致，叫起来很有韵味；有的班名很别致，叫起来可能有些拗口；等等。当然前面几种情况也可能会出现交叉融合，比如，有些班名既雅致又朗朗上口。

无论如何，我认为好的班名应该具备一种特质，那就是：有内涵，有寓意。班级的名字是基于班级的实际情况，寄托着班主任和全班学生某一种共同的精神追求和美好愿景。班级名字不一定要与众不同，求新求奇，但一定可以代表班级的某一种精神特质。这和给孩子取名字几乎是同样的道理，只不过，班级是由几十个孩子组成的群体。

在我 20 多年的带班经历中，曾给绝大多数所带的班级取了名字。有的是自己取的，有的是和班级的学生或者家长一起取的。

这里仅举其中几个有代表性的班级名字，重点谈谈班级名字的缘起及所寄予的内涵。

悦行班 ⬈

这个班级的名字是我取的。这是我中途接手的一个初二班。这个班级很有故事，据说初一短短的两个学期就因为班主任身体状况、工作调动等，更换了三四个班主任。校长决定由我接手，续写这个班级的故事。

我生性愚钝，所以，决不敢打无准备的仗，做事总喜欢留足提前量。当在开学前接到这个指令后，我立即通过学校领导、同事及之前教过这个班的任课老师，尤其是担任过这个班的班主任，还有部分学生家长，展开密集的调查，了解、掌握第一手资料。之后，我大概了解了这个班级的总体情况：班级"刺儿头"较多，纪律不好，一些原本想求上进的孩子迷失了方向，失去了动力。班级表面上很活跃，但到了考试、运动会或者上课发言等关键时刻，大家都变成了"沉默的大多数"，气氛沉闷。开学几天下来，事实果然如此。面对这样一个状况百出、没有上进心、没有真正的活力、学习成绩又比较落后的"烫手山芋"，我想需要从"心"开始，从"新"出发，重点做好两件事：一是给班级带去新气象，二是给学生树立信心。于是，我接手班级后首先做的就是从大家一眼就能看得见的显性班级文化（比如班名、班徽和班服等）入手。

基于对班级过往情况和班级现状的充分考量，结合我对于班级管理核心目标的理解，经过几天的酝酿，我给班级取了一个名字——悦行班。在开学第二周，我专门组织召开了一次主题班会，讨论确定班名。我跟学生说，我想到一个班级名字，先做介绍，再请大家讨论表决。我给班级取的名字叫"悦行班"。我们班特别需要加油打气，需要直接的能量。

随后，我满怀激情地向全班学生生动讲解了"悦行"这个名字的两层内涵。

1. 快乐前行。"悦"是喜悦，是快乐。我希望我们班学生能够在学习和成长的道路上，充分享受学习和生活的乐趣，快乐地前行。

2. 越来越行。"悦"与"越"谐音。"悦行"就是"越行"。我希望在师生的共同努力下，摘掉落后班的帽子，在学习、纪律、卫生和文体活动等方面能够不断进步和超越。我相信，我们班会越来越行。

随后，大家进行讨论，最后举手表决，绝大多数学生表示赞同。于是，"悦行班"就正式成了我们的班名。

这节班会课上，学生听得入神，士气大振。

晓阳班 ▼

这是最近带的一个班，是我从初一就接手的新班。在开学一两周后，我向全班学生征集班级名字。全班学生全员参与，设计班名，并附上设计意图；再由临时家委会和班委会集体商议，筛选出几个有代表性的名字作为候选；然后，我召集了临时家委会代表以及临时班委会代表一起开会讨论。我向与会者介绍了班级前期的表现，以及暑假全员家访所了解的孩子和家长的情况，随后大家综合各方面的信息，对几个候选的名字进行文字上的优化组合，形成最终的班名——"晓阳"，并用文字阐释了内涵，最后在班会上表决通过。

"晓阳"这个班名有如下两层寓意：

1."晓"表示天刚亮，破晓黎明之意；"阳"即阳光，太阳；"晓阳"即早晨的阳光，新升起的太阳，寓意新生力量，新的开始，新的希望。班级是一个小太阳，班里的每一个孩子都围绕着小太阳（班级的精神内核），吸收和释放能量，绽放光芒。这个班名温暖而有力量。

2."晓阳"和"小羊"谐音，小羊羔的形象很可爱，很乖巧。班里每一个孩子都像可爱的小羊一样，有乖巧懂事的一面，彼此相处温馨、和谐。"小羊"像个吉祥物，喻指每一个孩子经过三年的努力，都能收获成长，变为"大拿"。我们是三班，两者组合成"三阳开泰"（"三羊开泰"）。这个名字吉祥而又可爱。

我所带的班级中，还有"青春班"（那个班是七班，连在一起，就是"青春七班"，与"青春期班"谐音），"弘毅班"（那个班男生明显偏多，于是取了"士不可以不弘毅"之意），"奋进班"（初三接班，希望全班学生奋起直追，决胜中考），"新光班"（希望班级每一个学生都能成为一颗闪亮的明星，到了初中后，都能绽放新的光芒），等等。

班名是先于其他班级显性文化而产生的，可以说，它是班级文化建设的底色。有了班名，才有后面的班徽、班旗、班服等班级文化系列产品。我们可以有意识地高频使用班名，借此不断对学生进行精神上的强化刺激，让班名无处不在，深入人心。除了在班级文化产品上留下印记之外，班名可以在很多地方出现。比如，班级的论坛，弘毅班的论坛叫"弘毅论坛"；比如，班级小讲堂，晓阳班的小讲堂叫"晓阳小讲堂"；比如，班级的刊物，新光班的班刊叫《新光报》。

班名承载着班级文化的独特内涵，因此，它也是班级这个生命场未来发展和学生个体生命未来成长的亮丽底色。

5. 闪耀的班徽

在班级文化符号体系中，班名是最先出炉的，是其他文化符号产生的前提和基础。有了班名，班徽就可以着手设计了。

班徽是班级的 logo，班旗、班服等其他一系列的班级文化产品都离不开班徽，都需要印上班徽这个 logo，它是一个班级区别于其他班级的最鲜明的标识之一。

班徽的产生

班徽的产生一般分四步。

第一，确定班名后，全班同学根据班名，进行班徽设计。

我提出一句口号：必须人人参与，哪怕注定要"陪跑"。这样可以表明一种态度：我的班级我做主，每个学生都是班级的主人，都有权利和责任参与班级建设。而且一般情况下，集体的智慧会胜过少数人的智慧。人多力量大，集思总会广益。每位学生设计的时候，要附上设计意图，如此，一来便于培养学生对作品概括提炼的意识和能力，二来便于大家读懂其所设计的作品。而参与的过程也是一次个体精神与班级精神的靠近与融合。

第二，班主任牵头，对全班同学上交的班徽设计作品进行筛选。

我们一般是班主任组织任课教师代表、家委会代表和学生代表一起，专门举行一次班徽初选论证会，筛选出 4 至 8 个候选作品。这里要说明，主要考虑到大家设计能力和审美风格的差别太大，众口难调，所以，最好压缩这个阶段参与筛选的人员范围。

第三，班主任牵头，对候选作品进行深入研究讨论，确定最终入选作品。

接着，我们再请专业人士、任课教师代表、家长代表以及学生代表一起开会讨论，确定最后的入选作品。这里有两种可能。一种是候选作品里有大家一致满意的作品，这样，可以直接请专业人士（如果家长有此方面专长，也可以由家长负责），对此作品进行深度加工优化。另一种是候选作品里没有大家一致满意的作品，大家一起深入讨论，对候选作品相关联的元素进行组合优化，形成新的大家满意的作品初稿，然后，同样请专业人士对此作品进行深度加工优化。

第四，再由全班学生和家长集体表决通过。

我们将优化后的最终入选作品上传到 QQ 群或者微信群，由学生代表或者家长代表对作品进行讲解，在听取学生代表或家长代表对最终入选作品的解读之后，再进行投票，少数服从多数，多数同意，即视为通过。反之，则需继续完善作品，或者重新设计。

什么样的班徽才是好的班徽　◥

下面以我所带的悦行 9 班和晓阳 3 班为例进行说明。

我认为，好的班徽应该至少同时具备以下两个特点。

第一，和好的班名一样，好的班徽应该有一定的内涵，能够凸显班级的精神特质。

第二，好的班徽的文字图案要有创意，应该有设计的美感。

"悦行"班班名的核心内涵是"快乐前行"。

这个班徽的核心图案上下两个部分紧挨在一起，十分生动形象，且象征意义十分丰富。其一，上面像两个人，下面像一条路。一个在前，一个在后，两个人紧挨着，一起前行。其二，上面部分是两个艺术化的字母，一个 Y，一个 X。Y 是"悦"字的首字母，代表悦行的"悦"字；X 是"行"字的首字母，代表悦行的"行"字。两个字母加一起，表示"悦行"班。另外，特别要说明，整个核心图案造型极具动感，充满活力，充分地诠释了快乐前行的班级核心精神。这个班徽的外圈也是分上下两部分，上面是学校＋班级的中文名称，下面是学校＋班级名称的拼音，而且底色是绿色，和核心图案的主色调相近，整体上和谐统一，看上去充满活力和希望。

下面介绍晓阳3班的班徽。

晓阳班班名核心内涵是"每个人都是初升的太阳""每个人都能绽放自己的光芒"。

这个班徽的核心图案是由上、中、下三部分组成。先说中间部分。中间部分的造型具有丰富的象征意义。它像两座耸立的山峰（山峰的右面图案有两面旗子），又像两本展开的书，还像一个横放的"3"字（我们的班级是3班），寓意着晓阳3班所有人勇攀知识高峰和人生高峰。和山紧挨着的是一条河，有山有水，相互映衬。上面部分是一个太阳发射出无数道光芒，直接而充分地诠释了"晓阳"这个班名的内涵。下面部分是"晓阳班"三个字，直接表明了班名。外圈分两个部分：下面是学校的中文名称，上面是学校的英文名称。整个班徽均以橙色为主色调，看上去温暖而有力量，与"晓阳"这个班名及班级核心内涵十分契合。

另外，补充说明一点，晓阳班还有一枚印章，由变形的隶书"晓阳"两个字构成，很有中国风的特色。

班级印章可以独立使用，也可以与班徽一起使用。

和班名一样，班徽也是班级文化体系中最核心的符号之一。作为班级的logo，它是一个班级区别于另一个班级的明显标志。我们要充分利用班徽独特的文化价值，班旗、班服等班级文化产品应该都有班徽的元素。我们还会将班徽刻成印章（有些班级还有独立的印章，比如前面介绍的晓阳班的印章）。印章盖在班级的奖状证书上，作为落款的一部分，奖状证书瞬间变得高大上，而且具有鲜明的班级特质。所以班徽和班名一样，也应该是"无处不在"的。一个班级的班徽如同闪亮的发光体，绽放出班级的精神之光。

6. 庄重的班训和
响亮的班级口号

　　班训和班级口号都是对班级核心精神的进一步诠释，旨在通过文字和声音的力量强化班级精神，内化班级精神，形成班级精神认同感和归属感。

　　班训是明确班级共同的价值追求或者精神契约。相对而言，班训的语言要求更加庄重、凝练，而班级口号一般是班训的更具体化的表达。比如我所带的悦行班的班训是："悦学·悦思·悦动·悦享"，班级口号是："悦行悦行，快乐前行；悦行悦行，越来越行"。所以，语言上，班级口号可以更加自由灵动。而且，因为口号是用来喊的，运动会、春游、班会课等学校和班级活动的时候，口号就派上了大用场。简洁明快、朗朗上口的班级口号喊起来顺口、响亮，更有感染力。

　　当然，班训和班级口号在语义上也可以没有直接的关联。比如，我所带的晓阳班的班训是："明德乐学，求实尚美"，班级口号是："我有我的光芒"。尽管两者的语义内涵都十分丰富，但没有直接关联，这是一种更广泛意义上的互补。

　　关于班级口号，前面讲到要简洁明快、朗朗上口。好的班级口号还有一个很重要的特质，那就是具有丰富的内涵，能充分诠释班级精神，体现师生共同的教育观和价值追求。甚至可以说，有些班级口号，多喊几遍，会让人热泪盈眶、热血沸腾。

　　班级口号可以不止一个，不止一句。在不同的场合，我们可以亮出不同的班级口号，但必须有一句核心的班级口号。

这里以我所带的新光班和晓阳班的口号为例，作一些具体说明。

"让教室成为一片璀璨的星空！"这是新光班的核心班级口号。这句口号，用略带含蓄而又通俗易懂的比喻句式，告诉大家：新光班的每一个人都是一颗闪亮的星，新光班就是由几十颗闪闪发光的星星组成的一片灿烂星空。这里蕴含着一种鲜明的教育理念：尊重每一个孩子，相信每一个孩子，为每一个孩子的发展搭建平台，促进每一个孩子的成长。这句口号，曾经在学生个体和班级团队遇到困难、情绪低落的时候，激励着大家奋勇前行。好的班级口号，就该起到积极的心理暗示作用。

"我有我的光芒！"这是晓阳班的核心班级口号，其内涵与新光班的口号内涵基本相似，都是强调每个人都能释放光芒，充满能量。这里重点要说明的是，之所以选用这句口号，一是"光芒"与班名中的"晓阳"两个词语义呼应，二是基于班级的实际情况。因为那一年，民办学校还可以自主招生，小学每个班学习最顶尖的几个学生大多去了民办学校。留在公办学校的学生对自我价值的认知普遍不足，这就需要用一句温暖有力的口号，去激励全班学生，唤起他们的自信与热情，使他们强烈地意识到"公办学校的学生可以不普通"。"我有我的光芒！"这里用第一人称，更是意在直接而强烈地表达一种不轻易认输认命的情绪。所以，班级口号需要重点观照班级的实际情况，即要显现"这个班"的精神特质。

为了更好地让学生体会班级口号所蕴含的精神内涵，在班级口号出炉一段时间后，我特意布置了一篇以"我有我的光芒"为题的作文，学生根据自身情况和当下成长阶段对这句话的理解体会，真实地表达情感和观点，使得这句班级口号更加深入人心，并渐渐根植于全班学生的内心，取得了良好的效果。下面分享其中一位学生的文章片段。

我有我的光芒

今天，我们班的班级口号出炉了。"我有我的光芒！"我在心里轻轻地喊了几遍，感觉心里产生了一股暖流，并流向身体的每一个器官。这让我想起了暑假期间刚看的那部电影《哪吒之魔童降世》。电影里面有一句同样让我沸腾的台词："我命由我不由天！"是呀，尽管小学六年时光我是那么黯淡无光，各方面表现很一般，小升初的成绩也没有达到理想的目标，但是，看了这部电影，听了这两句话，现在的我对于初中未来三年有了更多更大的期待。我的自信心更足了，我不能就这样一直平庸下去，只要我全力以赴，积极进取，我相信总有一天，我也可以成为舞台中央的焦点。

我有我的光芒，加油！

班训和班级口号产生的方式与班名、班徽的产生方式类似。有了班名和班徽，确立了班级核心精神和核心价值观，我们鼓励发动学生和家长全程参与，根据实际情况，筛选讨论，美化完善，最终产生班训和班级口号。

7. 班容班貌，
美出新高度

美国优秀教师雷夫曾说："一间教室能给孩子们带来什么，取决于教室桌椅之外的空白处流动着什么。"美的环境不仅可以愉悦身心，也可以陶冶身心，启迪智慧。可以说，环境的育人功能是非常神奇的，美好的教室环境，对学生的精神成长往往能起到"润物细无声"的作用。但是，教室光是"美"还不够，还要美得合适，美得有特色，美得有价值，美出新高度。

单从审美的角度来看，一般意义上的班容班貌的美，就是教室打扮得漂漂亮亮，教室设计布局合理，物品摆放整齐有致，装饰品色彩宜人，让人看上去赏心悦目。但仅仅这样，还不能完全发挥教室环境的育人功能。

真正的教室美化，还要美得合适，美得有特色。

每个班级每间教室都有自己的精神和文化特质。这种特质可以通过前面说的班名、班徽、班级口号等外显的元素体现出来，还可以通过教室环境这个重要的外显元素来体现。因此，我们进行教室美化，整体上做怎样的设计布局，需要设置哪些美化的点，这些美化的点怎么设计造型和安排色彩，这些都要和班级的整体文化相契合，合适的才是最好的。

真正的教室美化，还要美得有内涵，美出新高度。

教室美化要和班级文化、班级精神相契合，深入一层说，就是要能更好地体现和诠释班级精神特质。每一个设置的美化点不是为了设置而设置，教室里摆设的东西也不是越多越好。教室的每一个点，每一个区域，都要发挥它的功能和价值，正如我们经常说的"让教室的每一面墙壁都会说话""让教室的每一个角落都会说话"。

教室美化要美出新高度。教室美化其实像绘画和雕塑一样，就是进行一次艺术创作。当前普遍存在的问题是，教室美化布置，更多的是一种零散的呈现，缺少灵魂和整体性。像其他艺术作品一样，教室美化要围绕着一个大的主题进行。理想的教室美化布置，要求先作整体的规划设计，教室里所有物件摆设的位置、大小及颜色都要合理、协调。在保证整体风格统一的前提下，再丰富具体的细节，使得每一个点和每一个区块既是独立的，又相互呼应，看上去浑然一体，这样的美显得更加高大上。

下面结合具体例子，谈谈最能体现教室环境美化价值的几个功能区块的设计。

教室美化布置除了保留公布学校和班级相关信息的基本区块之外，需要开发创新，有更多功能的体现。在我的班级管理实践中，以下几个区块是重点设计打造的基本区块除外的最核心的区块。

体现班级核心价值观的区块　＼

在教室美化布置的所有区块中，有个区块是点睛之笔，是核心区块中的核心，那就是能体现班级核心价值观的区块。以我所带的晓阳3班为例。这个区块是由三个小板块组成的，位于班级文化布置区域的核心位置，即教室正后方的偏左正中间（考虑到整体布局的合理性和区块内容多少，没有安排在正中间）。它们一个是社会主义核心价值观小板块，一个是学校核心价值观小板块，再一个就是体现班级核心价值观的小板块。最后一个小板块由班徽、班训、班级口号和"六好教室"相关内容、"七有少年"相关内容组成。社会主义核心价值观是后两者的统领，班级核心价值观是前两者的具体化体现，是前两个层级核心价值观在班级这个最小教育群体组织的真正落地。有了这个区块，班级美化布置便有了灵魂，它就像一个小太阳，照亮整间教室（事实上，晓阳3班的教室里那个班徽就像一个小太阳，光芒四射）。因为教室空间的限制，班训一般适宜放在教室前方黑板的正上方，与后方的班级核心价值小板块形成前后呼应。

记录展示学生特长风采和成果的区块 ❱

教室的文化墙是展示学生风采和成果最便捷最直观的平台。学生上学期间，每天在教室里长时间活动，他们可以有很多的时间和机会看到教室的各个角落，去关注班级展示的内容。

几乎每个班级在教室美化布置中给学生的兴趣特长和学习等方面留一个或者几个区块，去展示分享成果。

但是，事实上，很多班级展示分享区块的设置存在如下几个普遍而突出的问题。

问题一：展示内容更新不及时。

很多班级的展示区域没有及时更新，内容是几个月甚至一学期一个样，更有甚者，是"千年不变"，小学六年或者初中三年下来，差不多同一副面孔。这样的展示，纯粹为了摆设。如此，更多想被展示的学生就失去了机会。

问题二：展示内容比较单一。

很多班级的展示内容基本上限于书画作品或者优秀作业展示，内容上过于单一。其实，可以用来展示的东西很多，除了前面讲到的这些东西可展示外，还有摄影作品、手工作品以及一些探究性学习成果等。

问题三：展示形式比较单一。

很多班级的展示形式比较单一，趋于雷同。大家一般的操作是展示的时候，筛选出班级里相对比较优秀的作品或成果，集中展示。其实，我们还可以为某个学生或某个小组举行作品展，或者开辟个别学生专栏。集体展示和个体展示兼顾，这样展示的效果会更好。

互动交流的区块 ❱

在我们班的教室里，有个非常重要的区块，那就是互动交流区。互动交流区主要安排两方面的内容，即"点赞墙"和"班级论坛"。前者是为某一位学生的某一种行为点赞，后者可根据班级名称进行命名，比如"弘毅论坛""新光论坛"等。这个论坛与在本子上呈现的班级论坛（本书后面也会有介绍）形成互补和呼应，是我们班一个非常重要的互动交流平台。班级论坛就是针对社会或者班级出现的热点问题，大家像网上跟帖子一样发表评论。和课堂一样，班级论坛也是学生和学生之间、教师和学生之间互动交流的平台，从某种意义上说，也是班级各学科课堂包括班会课的有效延展。

任何事物，实现内容和形式的和谐统一，是最高级的目标追求。在进行班级美化布置时，班主任需要引领全班学生一起花点儿心思，动点儿脑筋，努力呈现一个"形神兼备"的作品。

8. 班级文化产品系列化

　　班级文化产品，是班级文化、班级精神的外显和标识，可以使师生产生强烈的文化认同感和向心力。因此，我们可以以班级精神为内核，以班名和班徽作为核心元素，设计开发具有鲜明班级特色的文化产品。这些文化产品，其实也是一个个移动的文化符号。

　　开发班级文化产品需要重点关注以下三个方面。

形成系列 ◥

　　相对于单个和零散的班级文化产品，班级文化产品形成系列化，可以在不同的场合、不同的时间，更好地体现班级文化和班级精神，使师生更能产生强烈的文化认同感和向心力。而且，形成系列化，可以使班级文化更具整体性。

　　基于此，我们以班徽即班级 logo 为核心文化元素，设计开发出一系列的文化产品，适用于学习、活动和生活等各个场景。随着社会的发展、经济水平的提高，我所带的班级的文化产品也越来越丰富。

　　最近所带的几个班级，我都组织大家进行班级文化产品系列化定制。当班级发展到一定阶段，我们便着手进行整体的规划设计，确定文化产品系列化方案。和班徽设计一样，我们会充分发挥集体的力量，调动全班所有学生和家长参与班级文化产品的设计，再由专业团队筛选、整合、优化，形成最后的方案。

当然，如果是从初一带到初三，所有的产品都一步到位并不现实，也不合理。所以，我们一般在初一新班运行一段时间后（必须在班级文化特质和班级精神内核形成之后），基本确立班级文化产品总体设计构想和三年规划。后面每隔一年会对既定方案进行调整，或者不断更新丰富班级文化产品。以班服为例，考虑到学生身高、体型的变化，最好初中三年定制两至三次班服。我们不但要考虑到大小尺寸，在风格上也可以做一些调整。初一学生比较稚嫩活泼，初三学生相对成熟稳重，不同年龄段适合穿不同风格的班服。

在班级文化产品系列框架下，我们的班级文化产品定制设置了三个系列，即活动系列、学习系列和生活系列。

1. 活动系列主要包括班旗、班服等。

班旗也不是一般形式的呈现。我们有大的班旗，还有一人一面的小班旗，用于参加运动会和春游秋游等活动。班级旗手举起大的班旗，其他同学手里挥舞着小小的班旗，喻指每个人都是班级的旗手，都代表着班级，以此充分展示班级风采和班级精神。

相比较于班旗，班服的创新设计空间更大。我们充分调动所有学生、家长和老师的积极性，发挥他们的创造力，全员全方位参与设计。因此，每一届班级的班服设计图都是几易其稿，最终也留下了无数的惊喜和感动。我认为，好的班服很重要的一点，就是其款式、图案和色彩应该与班级精神相吻合，充分体现"定制"的特点。

可以说，我们班级的每一套班服都是几十个人智慧的结晶，所以，班服一旦"上市"，便会十分"畅销"。除了学生每人自愿订购一至两套，家长也会纷纷订购，甚至有些家庭全家人手一套。有时候班级搞亲子活动，有些家长会积极配合，往往会全家总动员，然后穿着一样的衣服即班服出现，场面非常惊艳和欢悦。

2. 学习系列主要包括定制的笔、本子等。

我们会根据学生学习的需要，定制两至三种款式的笔，颜色上则会丰富一些，这样可更大程度上满足学生的个性化需求。

而本子我们也会定制两至三种款式，以软皮本为主。

无论是笔还是本子，因为我们不是生产者，没有条件去改变主要工艺，所以，我们会在电商所提供的原物基础上，在图案文字上做一些美化。而图案文字的核心任务就是加入班级的班徽或者印章。整个设计的过程，都会由学生、家长和教师组成的设计小组完成候选初稿，再交由班委会和家委会讨论、筛选、确定。

定制的笔和本子，我们一般都会每学期每人定量分发，留一部分作为奖品或者礼物。有时候，我们也会给家长发。当家长手里握着孩子班级的定制笔，办公桌上放着的是孩子班级的定制本子，一种独特的自豪感和归属感便油然而生。

赋予普通的本子以文化附加值。

关于本子，这里特别做个说明。我们可以"就地取材"，在学校统一分发给每个学生的本子封面或者扉页上盖个班徽徽章或者印章，普通的本子就有了班级文化的印记，有了文化附加值，瞬间高大上，这似乎又是另一种方式的定制了。所以，学生们也很喜欢到我这边来，主动要求我给他们的本子盖个章。

3.生活系列主要包括雨伞、茶杯、便携袋子等。

为什么要将班级定制文化产品生活化？目的很明确，就是让班级文化融入学生甚至家长的生活。学生在下雨天撑着自己参与设计的印有班级 logo 等明显标志的雨伞，手里拿着自己参与设计的印有班级 logo 等明显标志的袋子在路上行走，一种自豪感就会油然而生。学生往往会借此提醒自己，到哪里都代表班级的形象，以此产生一种内驱力，对自己的行为有了更高的要求，这就是文化的力量。

力求物美价廉 ◥

定制班级文化产品，还需要考虑的一个重要问题是经费。除了家委会收取的班会费之外，作为班主任，我也会积极捐赠。但无论如何，我们毕竟不是生产性经营性单位，必须本着勤俭节约的原则使用班级公共经费。因此，我们的定制产品必须力求做到物美价廉。我们家委会劳动采购部的成员充分发挥她们的特长，再充分利用她们的人脉资源，当然还要充分利用现在如此便捷而又相对经济实惠的电商平台，尽可能用最少的钱，采购最多的东西。事实上，这么多年来，我们班的定制文化产品也都是物美价廉的。

观赏性和实用性并存 ◥

对于任何东西，我们总希望兼具观赏性和实用性，即力求美观而实用。我们的班级文化产品，也要十分讲究这两个方面的功能。因为承担着班级文化展示和班级精神传递的功能，代表着班级的形象，所以班级文化产品自然要讲究外形的美感，要具备一定的观赏性。当然，也要兼顾实用性，如果纯粹是摆设，中看不中用，那就是浪费，与我们传递的价值观相悖。

9. 寻找优势，
瞄准班级"最近发展点"

苏联心理学家维果斯基提出了"最近发展区理论"。他认为，儿童有两种发展水平：一是儿童的现有水平，即由一定的已经完成的发展系统所形成的儿童心理机能的发展水平；二是可能达到的发展水平。这两种水平之间的差异，就是最近发展区。也就是说，最近发展区是儿童在有指导的情况下，借助成人的帮助所能达到的解决问题的水平与独自解决问题所达到的水平之间的差异，实际上是两个邻近发展阶段间的过渡状态。

受维果斯基理论的启发，并汲取其理论的精髓，经过反复思考，我想到一个治班策略：寻找优势，瞄准班级"最近发展点"。我这里所说的班级"最近发展点"，有两层含义：一是班级在教师和家长的帮助下，最容易获得发展、最容易达到目标的"点"；二是班级学生普遍比较感兴趣的"点"。这里的"点"可以是某一件事，可以是某一方面，也可以是某一个契机。

班主任要善于利用优势思维，寻找班级优势，瞄准班级"最近发展点"，助推班集体建设，这种策略特别适用于总体表现相对落后的班级，即所谓后进班。

具体说来，实施这一策略，我是基于以下几点考虑。

每个班级都有"最近发展点" ◥

每个班级哪怕是年级最落后的班级也有学生普遍感兴趣和相对擅长的点。比如，一个班级学习成绩落后（那些按成绩分层的学校，往往容易出现这样的状况），也许它是一个体育强班，或者是文艺强班。班级里如果有几个体育苗子或者文艺苗子，即便目前不是体育强班、文艺强班，可以着力打造成体育强班、文艺强班。比如，一个班级在学习、体育、文艺特长上都普遍落后（那些因为管理等因素产生问题的班级，往往会出现这种全面落后的情况），也许它是一个劳动积极性特别高的班级，或者也许是一个特别团结的班级——"虽然我们都很平庸，但我们很善良"，这种情况我遇到过，我想很多班主任同行也遇到过。

"最近发展点"是班级发展的抓手和发力点 ◥

对于学习成绩明显落后的班级，要想在短时间内明显提高学习成绩，是不太现实的，这不符合事物发展的规律。尽管学习成绩很重要，但是，与其在最突出的短板上直接"强突"，不如采用"迂回"战术，先在班级的优势领域里做文章。这样更容易实现突破，更容易取得成功。另外，我们有时候面对一个落后的班级，总是想着"眉毛胡子一把抓"，什么都不想落后，什么都想着尽快实现改变，尽快取得进步。这样，往往导致师生兴趣点和精力分散，什么都想好，最终什么都不好。因此，我们可以允许某些方面暂时落后，尤其对于后进的班级，更是需要有"打持久战"的准备，有十分淡定的心态。找到并突破"最近发展点"，以点带点，以点带面，如此，才能慢慢实现班级的全面发展。

以下是我所带班级的一个案例。

我曾经中途接手一个班级。接手这个班的时候，因为各种主客观的因素，班级整体学习成绩位居年级倒数第一。班级学习风气很不好，而且学习上的慵懒和消极，慢慢迁移、蔓延到其他方面。比如，常规竞赛评比，几乎次次年级倒数，用学生们的话说，先进班级的流动红旗已经 N 个月没有在教室门口出现了。比如，学校田径运动会，班级总分也是位居年级倒数，尽管据我了解，班里还有两个是学校田径队的队员，一个是学校篮球队的队员；甚至教室美化评比，班级也是次次垫底。学生普遍懒散，班级死气沉沉，大家都没有了追求的目标。原班主任和任课教师们失去信心，家长们满肚子的抱怨。而家长们最关心的就是孩子的学习成绩，他们普遍对孩子的学习成绩很忧虑、很不满。

面对这一现象，怎么办？疯狂地抓学习吗？学习自然不能放松，态度上，要给学生加油打气，树立信心；行动上，从习惯上抓起，落实每一个环节。但是前面说过，学习成绩的全面提升需要很长一段时间。如何尽快给班级注入自信，让学生获得进步、胜利和成功的体验，从而提升班级学生的斗志和士气，点燃学生的激情呢？

我在思考，在了解，在寻找。我想到了当务之急是找到一个突破点，这个点离学生获得进步、胜利和成功最近。我有意加快节奏，通过班干部会议、学生个别谈话、和任课教师聊天等方式，了解到这个班级体育方面有一些可圈可点之处。班级学生除了两个运动员外，还有几个学生在小学曾经参加过学校的田径运动会，并获得了很好的名次。而体育老师也证实了这个班级体育素质好的学生还是很多的——只是上体育课时，大多不太愿意动，太懒散了，运动会报名积极性很低，即便报名参赛，也是敷衍了事，以至于"一手好牌"输得一塌糊涂。而我自己也凭着这么多年担任兼职"教练员"的经验，感觉到这个班确实隐藏着不少体育高手。

我想到不久就要举行的学校秋季田径运动会，顿时眼前闪过一道光芒。

于是，我开始以最高规格的要求和配置，积极筹备运动会。我先召开动员大会，动情地告诉全班学生：我是小有名气的"金牌教练"，我所带班级的运动会历史成绩普遍不错，甚至好几次带领班级获得年级总分前三名；据多方了解和求证，我们班的体育尖子很多，只是大多被自己"雪藏"了，这么强的实力，居然在比赛中名落孙山，实在可惜和可悲；只要大家踊跃报名，积极训练，在我这个"金牌教练"的带领下，一定能取得很大的突破，我们要争取获得总分前五名，彻底摘掉倒数的帽子。在我的鼓动下，大家积极报名。

后面的备战过程，我在之前所带班级配置规格的基础上，不断"加码加料"：成立田径运动会代表团，我亲自担任团长兼总教练，班长担任副团长；聘请班级体育老师和一位在另一所中学担任体育老师的家长担任训练技术顾问，分别负责田赛和径赛的训练指导。

而在比赛前几天，我们正式落实各项分工，让每一个学生都承担其中一项工作，人人有份，深入体验。竞赛组、后勤服务组、宣传报道组、啦啦队等一应俱全。每个组还安排了一位家委会的家长做指导和服务。

功夫不负有心人。经过全班学生、家长、任课教师和我的共同努力，这一届田径运动会，我们班发挥出色，获得了年级总分第三名。因为各方面表现优异，我们班还获得了本届运动会的精神文明奖。

整个比赛过程，大多数学生都很活跃、很投入。而当总裁判长宣布最终总分，随后班长代表班级上台去领奖状的那一刻，我们班彻底沸腾了！全班学生欢呼雀跃、拥抱击掌。我知道，这个班已经很久很久没有在这么大型的比赛和活动中获得优胜了！

为了巩固胜利成果，比赛结束后，我们举行了"我们是季军"的主题系列活动。我们举行隆重的庆功会，刊出专题主题黑板报，并将比赛的奖状和运动员的比赛照片配上文字贴到教室门外走廊的墙壁上（那个时候信息技术还没有那么普及，所以，没有在网络平台上宣传，有点儿可惜），以此全方位展示运动员们的风采。当然，庆功会上，除了给运动员发奖品，我还给在运动会其他工作中表现比较突出的学生发奖。我想通过一系列的活动，强化这次比赛的意义，进一步激发学生积极进取的精神，在一定程度上消除之前班级的疲态；增强学生的集体荣誉感和自信心，使他们充分体验获得感和满足感。

从此之后，班级的精神面貌发生了很大的改变。瞄准了这个离成功最近的发展点，我们也找到了实现班级全面发展的突破口。后来，我不断地寻找新的最近发展点，班级渐渐进入良性发展的阶段。

瞄准"最近发展点"，更容易促进班级发展，达到所设定的班级目标，让班级学生获得一种集体的成就感和满足感。在我所带的暂时落后的班级中，除了以上所述从运动会入手，我还曾从一次元旦文艺汇演，从一次歌咏比赛，从一次卫生大扫除，从一次班级美化评比中，引导和帮助班级学生发挥自身优势，获得成功的体验，树立自信，从而慢慢实现班级的全面逆袭。

2

第二辑

关注细节，
诗意蔓延

——提高班级日常
　　管理的效能

· · · · · · · · · ·

在班级日常管理中，将爱融入每一
个细节，用心做好每一件小事，带
着一片诗心，赋予日常工作以创新
和诗意，赋予教室里的每一样事物
以生命的灵性，使每一个生命个体
在温馨和谐而又诗意蔓延的教室里
健康成长。

I. "三线并轨制" 自主管理模式

但凡真正优秀的班级，都是充分发挥学生的主观能动性，实现学生自治、自我管理的。作为班主任，要对班级自主管理进行顶层设计，完成班级管理的组织架构，为每个学生参与班级管理搭建合适的平台。

经过多年的思考、探索、实践，我所带的班级逐渐形成了一种相对比较稳定的班级管理模式——"三线并轨制"自主管理模式。而实施这种管理模式的前提和核心任务，是构建"三线并轨制"班级管理组织体系。

"三线并轨制"班级管理组织体系的概念 ◥

所谓"三线并轨制"班级管理组织体系，就是班级管理人员分三条线设置岗位，三条线既平行又交叉，既相对独立又相互融合。

第一条线是"班长—各部部长—班级事务主管"，形成三个垂直的领导与被领导关系的组织层级。

第二条线是"值周班长—值日班委"，形成两个垂直的领导与被领导关系的组织层级。

第三条线是"各组组长—小组事务主管"，形成两个垂直的领导与被领导关系的组织层级。

"三线并轨制"班级管理组织体系的具体构成与功能 ◥

1. 第一条线是"班长—各部部长—班级事务主管",形成三个垂直的领导与被领导关系的组织层级。

这一条线是常设的,人员构成相对比较固定。班长是班级的最高"行政长官",是整个组织体系的总负责人,也是这条线的第一层级。班长下面分设各个职能部门,即各部。各部的总负责人为部长。各部下面又设班级事务主管,具体负责班级各项事务。我们倡导"全员参与,人人有责"的班级管理理念,所以,我们的事务主管分工相对比较精细(详见本书后面的班级岗位设置即班务分工一览表)。考虑到所带的班级每一届人数不一,我们可以在确保"事事有人做,人人有事做"的前提下,随机调整。比如岗位设置人数大于班级总人数的,那就采取"一人多岗"的模式;反之,岗位设置人数小于班级总人数的,那就采取"一岗多人"的模式。

2. 第二条线是"值周班长—值日班委",形成两个垂直的领导与被领导关系的组织层级。

值周班长由部长及以上班委担任,值日班委由全班所有学生轮流担任。

值周班长负责班级一周的全面管理。负责写班级周记,在班会课上做一周总结。

值日班委负责班级一天的全面管理。负责写班级日志,在班级晨会上做小结。

3. 第三条线是"各组组长—小组事务主管",形成两个垂直的领导与被领导关系的组织层级。

第三条线是限于小组的内部管理。

组长:全面负责小组的管理与建设工作。一般重点负责小组的纪律。

学习主管:负责小组的学习管理,一般由成绩较好的同学担任。具体说来,学习主管负责对小组成员的作业管理,还有帮扶成绩薄弱的学生。

纪律主管:一般由组长兼任。

生活主管:负责小组的生活细节,比如分发点心,了解小组成员的身体状况等。

活动主管：负责配合班级活动，落实相关任务。

"三线并轨"的操作范式 ❭

在班级管理实践中，如何实现"三线并轨"，即实现三个管理组织体系的融合？

值周班长和值日班委组成值周值日团队。在值周前，由值周班长召集值周值日团队召开值周值日工作准备会议。时间一般安排在前一周的周五下午放学后。这次会议主要是部署下一周值周值日工作的主要任务，结合前期班级值周值日的情况，强调岗位意识，并进行值周值日岗前动员。值日班委一般要求在轮值这一天，提前 10 分钟到教室；值周班长一般要求在轮值这一周，每天提前 10 分钟到教室。值周班长和值日班委负责在教室不定时巡视，维持班级秩序，必要时，提醒各部门做好相关工作。每天晨会，由值周班长主持，前一天的值日班委负责对当天班级情况进行小结。值周班长结合值日班委小结和班级实际情况，做必要的强调和布置。每天下午放学后，值周班长和值日班委最后离开。同时，值日班委每天认真填写班级日志，记录班级各方面的情况。值周班长结合值日班委的班级日志，每周进行一周书面总结，并在班会上做一周总结，作为下一周值周值日工作总结会议的重要参考材料。

各部门事务主管每天做好自己负责的岗位工作，比如卫生值日主管每天放学的时候，提醒监督值日生完成值日工作。如果卫生值日主管没有及时到位，值日班委可以顶岗。涉及某一个小组的成员卫生值日未按时到岗的，组长可以协助提醒监督。我们还要求主管坚持写工作手账，及时记录，及时小结。

小组组长每天做好小组的整体管理，配合做好班级任务的下派和班级信息的传递。小组各主管各自完成分管的小组事务。每个小组成员各司其职，确保班级最基层的组织单元能够正常顺利地运转。

班级遇到突发事件，三条线可以联动。

比如，一个学生发热或者受伤，当事人或者附近同学可以第一时间向小组生活主管、值日班委或者班级生活部的"小医生""小护士"报告，申请帮助。"小医生""小护士"和值日班委一起负责，护送生病或受伤的学生至校医室。如其没有大碍，做好对生病或受伤学生的辅助治疗工作，比如送水、递药。如遇比较严重或者紧急的情况，主管或者值日班委可直接向值周班长或者班主任报告，联系家长送其去医院就医。这样，层层管理和灵活机动相结合，确保了班级管理机制科学有序地运行。

2. 精细化的
班级岗位设置

　　班级的岗位设置即班务分工本着"人人有事做，事事有人做"的原则。为便于管理和执行，岗位设置即班务分工尽可能地精细化。前面已经介绍过，我们班级采取"三线并轨"自主管理模式。关于另外两条线的组织架构，前面已有较为具体的介绍。本篇仅对人员相对固定的"班长—部长—主管"这条线进行更为详细的说明。

　　班级岗位设置即班务分工如何具体实施？

部长及以上干部需参加竞选，并进行课程化培养　◥

　　我们虽然常说职业没有贵贱之分，只有分工不同，但对于一个班级一个团队来说，不同岗位的重要性会存在区别。相对而言，部长及以上干部的岗位对于班级的重要性会更突出，所以，要进行竞选。另外，考虑到一个班级的主管岗位数量较大，全部进行竞选很难操作，故而我们采取了折中的办法，不安排竞选。

　　部长及以上的岗位称为"班干部"，即班委，整个班干部组织就叫"班委会"。对于班干部的课程化培养，后面会有专门阐述，这里先不做具体展开。

各部门的主管岗位由学生自愿报名，再由班委会考核筛选 ❯

全班每名学生根据岗位设置情况和自身的特点，自主报名选择主管岗位，并上交一份书面自荐材料。考虑到一个班级各部门主管岗位有数十个，很难有时间和精力组织竞选，因此，可以由班委会根据报名人数和报名学生的工作能力、性格特点（通过书面自荐材料和平时观察了解）等各方面因素，结合岗位需要进行考核筛选，最后确定主管人选。

有些岗位需要两个或者两个以上的学生共同负责，而当班级学生人数较少时，本着能者多劳的原则，有些学生可以同时兼任几个岗位的工作。

可以根据需要设立特殊岗位 ❯

设立特殊岗位，主要是考虑到有些学生情况比较特殊，很难胜任常规的岗位，但又要确保人人都有事做。比如，我们曾经为工作能力特别弱的特殊学生设置了"班主任助理特使"（即班主任助理的助理）。该岗位事情比较少，完成工作的难度也较低。

班级岗位设置整体上采用三级管理模式，即班长—部长—主管 ❯

关于这一管理模式的职权关系，上文已经有了介绍，这里略过。

以下是我们班级岗位设置的具体情况。

班级岗位设置即班务分工一览表

岗位职务	班长：1			副班长：2			
	学习部	纪检部	文体部	生活部	卫生部	财保部	策划宣传部
部长	1	1	1	1	1	1	1
主管	学习成绩统计和管理：2	班级纪律维持管理：1	体育课、两操及集会组织管理：1	班级爱心药箱管理（医疗队医护）：1男1女	教室值日监督管理：1	班级活动经费管理兼物品采购：1	班刊及黑板报编辑：3

岗位职务	班长：1			副班长：2			
	学习部	纪检部	文体部	生活部	卫生部	财保部	策划宣传部
主管	语文课代表：若干	监察官：1	课外体育活动组织管理：1	温馨日历管理：1	教室卫生保洁监督管理：1	图书管理：1	班级微信公众号编辑：2
主管	数学课代表：若干		文娱活动组织管理：1	礼仪管理：1	劳动工具管理：1	电脑及多媒体管理：1	电子班牌编辑管理：1
主管	英语课代表：若干			考勤管理：1		自行车管理：1	班级信息管理：1
主管	科学课代表：若干			就餐管理：1		门窗窗帘管理：1	"班级论坛"管理：1
主管	道德与法治课代表：若干			点心发放、积分兑换：1		桌凳管理：1 饮水机管理：1 棋类管理：1	班级活动策划：3
主管	美术课代表：1					电灯、电风扇（空调）管理：1 钟表奖状管理：1	
主管	STEM课代表：1					粉笔、粉笔擦管理：1	
主管	音乐课代表：1					绿植管理（花仙子和护花使者）：2	

注：阿拉伯数字代表岗位设置的人数。

那么，各部门主管如何接受培训？考虑到主管人数众多，无法像班干部一样开展课程化的培训，我会进行一定的岗前培训指导。

第一步，班级全员培训。安排一节班会课，由班主任和班长选择要点，就主管的责任意识、组织管理和协调沟通能力进行培训指导。

第二步，部门内培训。安排课余时间，由各部部长组织本部门的主管进行培训指导。培训的次数一般以 2~3 次为宜，可视具体需要增减。这个阶段的培训主要是消化落实全员培训的相关内容，并结合本部门的具体工作开展讨论，从而形成本部门班务管理工作的基本方法。

那么，主管到底该做些什么？如何充分发挥主管在自主管理中的重要作用呢？

我们十分重视充分调动每一位主管的积极性，用各种不同的方式不断地给予赋能式的鼓励，使每一位主管都明白：小主管有大作用，小事情有大讲究，进而意识到自己岗位工作的重要性。在一定范围内，我们要赋予主管工作上充分的自主权，充分信任每一位主管，鼓励每个人创造性地开展工作。主管们会在工作中不断积累工作经验，不断地成长。

事实上，当主管的积极性被调动起来后，他们确实能不断给大家带来惊喜和感动。

比如，隶属财保部的绿植主管，其日常工作是对班级绿植进行登记和养护，而他们往往会不断地优化升级自己的工作方式和内容。为了更好地完成工作，他们需要在原有经验的基础上，向家长或者其他在绿植养护方面有经验的人学习取经。他们不但做到了把绿植养活，而且努力做到把绿植养得更美。他们会给每个花盆贴上精美的标签纸，进行编号，贴上关于这盆绿植习性的文字介绍。而更让人称道的是，他们会用诗歌或者文言文等别具特色的文字来介绍绿植，书写养花日记。他们还会用漂亮的彩带扎在花盆腰间，实现全方位的美化。他们用心给每盆绿植浇水、修剪，甚至进行后期的造型设计和迁移嫁接等。我们的绿植主管后来有一个浪漫而富有诗意的别名——花仙子和护花使者，他们就是要赋予绿植以更丰富的生命的意义。

再比如，我们班财保部有专门负责电灯、电风扇（后来还包括空调）的主管。可别小看这项工作，别以为只是在开关面板上做开开关关的简单的机械动作。我对我们班负责这项工作的主管说，我们在工作过程中，在进行最简单的操作的同时，可以思考一下，如何使用电灯、电风扇和空调才最省电、体感最舒服又最健康。在我的暗示和提醒下，主管同学在实践中不断思考小结，并去网上搜集相关资料，写成了带有一定学术色彩的《空调为什么要开26度？》和《教室节电小妙招》两篇小论文。这两篇小论文，前者主要告诉大家，夏天空调温度开得太低对人体的危害，后者主要是根据主管平时的工作记录，形成自己的"大数据"，告诉大家一间教室如何科学使用电灯、电风扇，可以最大程度地实现节约。主管同学还负责起草了《××班空调科学使用指南》《××班电灯、电风扇使用管理办法》等班级制度的初稿，最后经班委会讨论通过，在全班推行。总之，小事用心做，就会做出不一样的心境和成效。

当某一位主管在工作上有了创造性的突破后，我们会在全班宣传推广其先进经验，以此营造一种良好的氛围，激发每一位主管不断拓展"业务范畴"，不断创新。而在主管不断对自己的工作提高要求的同时，作为班主任，我们可以赋予原先设定的岗位以新的职责和使命。比如，我很多年前所带的班级语文课代表最初的主要职责是作业的通知、作业本的收发，人数也只有一个或两个。有一次，语文课代表跑到办公室跟我说："老师，我们可以多安排几个课代表，您不是会让同学们在语文课堂上推荐好的文章吗？我们班的小T同学平时很喜欢看书，她上次推荐的那篇文章确实很好。要不，再增设一个课代表，专门负责推荐好的文章，您看这样可以吗？"我听了课代表的话茅塞顿开。从此之后，我们班就多了一个课代表，其职责是负责推荐好的诗歌和文章。后来，不仅仅是自己推荐，小T还负责去收集和登记其他同学推荐好的诗文。再后来，对于负责这项工作的课代表，我们冠之以"好诗文推荐官"这个美好而高大上的称呼。如此，我们班的语文课代表便多了一份职责，课代表这个身份背后的内涵也便丰富了很多，一个个主管实现了华丽的蜕变。当然，不止有从语文课代表到"好诗文推荐官"的故事，我们还有许许多多类似的故事。比如，从数学课代表到数学学科研究院的"院士"或者"研究员"，比如，从电风扇主管到节能"小博士"等。

我们班每个主管都会有主管工作手账，我只对手账提出总体上的要求，具体的细节由主管们随意发挥。因此，主管们的手账从封面到内页可谓五花八门、创意满满。主管们根据自己的喜好，并结合自己的工作特点，设计手账的风格。有的设计成卡通画，有的具有童话色彩，有的主打中国风，有的现代感十足。而主管绿植的花仙子和护花使者会在手账里融入绿色和花草的元素，文娱主管则将跳动的音符嵌入手账的文字里。可以看出，他们是用心在"经营"主管手账，这份用心自然也迁移到对主管工作的投入和负责中。

我们班尽管实现了十分精细化的班务分工，基本做到了人人有事做，事事有人做，但是，教育的生态环境是十分复杂的，是动态发展的。在我们班级建设与发展的过程中，还需要不断增添新的特殊岗位，或者赋予原先设定的岗位以新的职责和使命。从班长到部长到主管，班级的每一个学生都能在自己的岗位上不断淬炼、成长。

3. 课程化培养，
助力班干部成长

班干部对于一个班级的重要性不言而喻。那么，如何培养班干部？如何充分发挥班干部在班级管理和建设中的作用，提高管理的效能呢？我认为，要将班干部培养系统化、课程化，这样能明显增强班干部工作的有效性。

高规格，郑重其事 ⬊

凡事先有立场和想法，再去执行和实施，这样的做事方式效果往往会更好，即所谓"理念先行"。作为班主任，要在主观思想上形成一种明确的认知：好干部是培养出来的。试想，成人干部还要接受各式各样的培训活动，相对经验不足的学生群体中的干部，是不是更需要接受培训指导？

因此，对于班干部培养工作，班主任要在思想上高度重视，把它列为班级管理工作的重点内容，尤其是接手新班，更是要将此项工作列为优先等级。为此，我们特别设计开发班干部培养课程——"班本成长课程之班干部培养"，形成相对完整的培养体系，高规格、系统化、郑重其事地做好这项工作。

精设计，科学合理 ❜

那么，如何设置班干部培养课程呢？下面对班干部培养两个方面的课程内容简要述之。

1. 班干部培养通识课程。

这里所说的通识课程就是无论班干部是哪个岗位，都必须学习掌握的内容。通识课程主要包括"管理学""人际关系学"和"心理学"等方面的内容。如何做一名管理者，人事管理有哪些技巧策略，如何与人相处，被管理对象的一般群体心理特征是什么，这些方面的知识或者技能都是作为班干部必须了解和掌握的。课程的教材即文本资料可借鉴相关书刊，再结合课程导师的原创，整合形成。我们还可以将课程文本资料打印成册，人手一份。

2. 班干部培养专业课程。

这里所说的专业课程就是与班干部具体岗位直接相关联的学习内容。比如，你是班长，就要学习掌握班长这个职务的相关管理知识技能。作为班长，要有特别强的组织协调、统筹管理和时间管理的能力。你是体育部长（体育委员），就要学习掌握这个职务的相关知识技能。作为体育部长，如何整队、带队，如何协助体育老师组织开展课内外体育活动，这是十分专业化的知识，需要认真学习掌握。课程的教材即文本资料生成方式和通识课程一致。

抓落实，步步推进 ❜

有了课程框架和教材，如何具体实施课程？我们首先要做的是由班主任总负责，组建课程导师团队，对班干部的培养进行全程指导。

课程导师团队主要由班主任、任课老师和已经毕业的担任过班干部的学生组成。班主任担任课程的总导师，全面指导；任课老师负责担任课程中一两个课题的培训指导。有些任课老师自己曾经在学生时代担任过班干部，或者本身有着丰富的班级管理经验。另外，邀请任课老师参与，可以实现"全员德育"，充分调动任课老师的积极性，使他们更好地融入班集体，也能更好地实现他们的工作价值。实践证明，任课老师都十分乐意接受此项任务，发挥他们的"余热"。

邀请已经毕业的学生担任课程导师出于三个方面的考虑：一是这些学长学姐都是曾经工作在第一线的班干部，有着丰富的工作经验，由他们进行传帮带，非常合适；二是导师和学员都是学生，他们年龄相仿，身份相似，更有共同语言，沟通交流会更加便捷、有效；三是体现一种文化和精神的传承，都是同一个班主任带出来的弟子，有着相同的文化和精神基因。学长学姐带学弟学妹，一脉相承，形成一种温馨而美好的学习氛围。

有了师资和课程文本，就可以具体开展课程培训了。课程的实施主要按以下几个步骤进行。

1. 岗前培训。

在班干部民主选举产生之后，第一时间要做的就是进行岗前培训。班干部选出来后，不会马上被聘用上岗，班级的相关管理事务先由班干部临时负责。这个阶段，当选的班干部身份叫作"班干部学员"。

岗前培训分两个方面：一是通识培训，二是专业培训。通识培训需要集中进行，由导师团队中的相关导师负责讲授指导。专业培训一般是以一对一的方式或者小范围进行，因为每个班干部的具体岗位不一样，分头小范围培训针对性更强。和其他很多课程一样，班干部培养的课程实施有三种基本方法和形式：导师的理论讲授、案例分析和情景模拟训练。理论讲授的内容前文已经做了介绍，这里不再赘述。案例分析，一般是导师抛出需要班干部出面处理的班级问题或者负责完成的任务，然后引导学员一起讨论应对，用于讨论的案例可以是其他班级发生的事，也可以取材于本班。情景模拟训练，是由导师设置一个具体的情景，核心内容一般也是班级问题或者某项任务，指定学员扮演班干部，处理相关问题，完成相关任务。这当中，导师也可以化身助演，参与情景模拟训练。以上三种形式综合运用，做到理论结合实践，往往能取得良好的学习效果。

总之，通过以上三种方式的培训学习，每位学员基本都具备了班干部的基本技能，基本能胜任常规的本职工作。一个新接手的班级，岗前培训大概需要两到三周。

2. 实习试用。

完成岗前培训后，就要安排班干部学员进入实习试用期。这个阶段，我们把当选班干部叫作"实习班干部"。根据培训课程设置，实习期满，进行一次集中考核。由导师团队民主考核，考核合格后，正式确认班干部人选。可以举行隆重的聘任仪式，给班干部颁发聘书，全班同学见证。不合格的，继续以实习班干部的身份参与班级管理，直至合格为止。实习试用期一般也是两到三周的时间。

实习试用期间，依旧需要安排导师一对一进行指导。实习班干部需认真填写实习工作手册，每天及时进行反思小结，并将工作手册及时上交给导师。导师也会根据上交的材料和自己了解的情况，评估实习班干部的工作能力和实效，并适时适度地进行干预指导。如在工作中遇到难以独立解决的问题，实习班干部也应及时主动向导师请教。

3. 上岗跟踪。

实习试用期满后，实习班干部正式成为班干部。这个时候，所要达到的目标是，班干部应该进一步掌握基本技能，在基本胜任常规工作的基础上，能独立创造性地开展工作。在此期间，导师的指导工作并不间断，但与前面两个阶段相比，指导的频次可以明显减少，指导的强度可以逐渐减弱。这个阶段，依然要求班干部认真填写工作手册，至少每周进行一次工作反思小结。导师根据班干部提供的工作材料，每隔一段时间（一般是一个月）进行评估，并依据评估结果，对相关班干部进行适时适度的干预指导。这一阶段持续的时间是班干部选举产生一个学期内。到第一个学期结束，课程导师团队正式解散。

4. 及时交流。

课程导师团队解散，并不意味着班干部培养课程的终止。后面阶段的课程以班干部相互交流、相互取经、相互督促、共同成长为主要形式，这个阶段可以叫作自主研修。课程活动的主要载体是班干部会议。班干部会议一般一周一次。如遇到特殊情况，可以召开紧急专门会议。一般意义上的班干部会议以讨论班级事务和汇报班干部各自工作为主，也可以在此基础上加入两个重要环节：

班干部工作实例剖析和工作经验分享。

在班干部会议上，班干部可以将自己在近期工作中遇到的有疑惑的问题或者棘手的事情提出来，供全体班干部（有时候班主任也参与会议）讨论。通过这个环节，大家群策群力，集思广益：一来可以利用集体的智慧帮助遇到困难的班干部解决实际困难；二来可以以此作为最鲜活的课程资源，使全体班干部积累更加丰富的工作经验。

班干部工作经验分享即班干部论坛一般每个月一次，也是安排在班干部会议上进行。每次安排两到三个班干部分享。与前面实例剖析不一样的是，前者的课程路径是抛出问题、解决问题，后者的是直接分享解决问题的经验和成功的做法。两种课程形式最终的目标都是提高班干部解决问题的能力和工作效能。为进一步推广展示班干部的工作智慧，我们可以在班级公众号或者班报上推送分享他们的工作经验。

5. 定期考核。

课程评价是课程实施不可或缺的重要组成部分。班干部培养课程的最后一项内容，就是每学期进行两次定期考核评价，期中一次，期末一次。具体操作是由曾经的导师团队部分成员和学生民意代表组成考核组，根据班干部的具体工作表现，从工作态度、工作水平和工作实绩等几个方面的指标，进行综合考核评价。考核评价结果可分为优秀、合格和不合格三个等第。班级择时对优秀班干部进行隆重表彰，颁发奖品、证书。和其他先进人物一样，在班级公众号或者班报上对优秀班干部的先进事迹进行宣传报道，展示他们的风采。

总之，以课程的视角去观照班干部培养工作，从课程开发和实施的角度去落实班干部培养工作，相对于常见的零散随性的班主任培养指导模式，更有系统性和发展性，也更具实效。另外，班主任应及时保存每一届学生的班干部培养课程资源，可以延续共享。实践证明，对班干部进行课程化培养，具有显著而独特的价值。

4. 班级每日仪式
—— 一日三"十"

"仪式"对于班级建设与发展具有重要的意义，这是大家共同的认知。这里分享一种做法——一日三"十"。所谓的一日三"十"是指每天用 3 个 10 分钟的时间举行班级仪式。每个 10 分钟，分别对应班级每天进行的 3 个固定仪式。

每日晨会 ◥

班级晨会在早读课正式开始之前举行，由当天的值日班委主持（如果值日班委不在，可由值周班长主持）。晨会一般分为三个部分。

1. 昨日小结。

由昨天的值日班委对班级一天内的各方面表现进行小结，对表现好的方面予以肯定，表现优秀的个人进行表扬；如有不足之处，提出改进意见。

我认为这样及时地小结很有必要。从班级的发展来看，这比多几分钟时间早读，要有价值得多。记在班级日志上的信息，仅限于少数几个学生和老师知道，在晨会上小结，可以让全班同学及时了解。

2. 今日要务。

在小结之后，由当天的值日班委向全班同学宣布或者提醒今天班级的主要事务和相关学生的主要任务，并结合前面的昨日小结，提出相应要求。

这个时候，如有必要，值周班长或者班主任也可以发言，谈自己的看法，或者作必要的强调。

这个环节让全班同学明确知道今天班级、学生个体或者团体的主要任务，可以结合自己今天的目标任务做出明确的规划安排，形成一天的任务单。如此，可以有效提高一天的学习或者工作的效能，有利于更好地达成目标。

3. 加油鼓劲。

这个环节是集体"喝鸡汤"，这种方式尽管不是万能或者说绝对有效，但总有它的价值。当一段时间班级状态不佳的时候，当天的值日班委会带领全班同学一起喊班级口号，加油鼓劲。有时候，值日班委还会带领全班同学一起高声朗诵一句名人名言或者学生原创的"凡人金句"。

多进行积极的正面暗示，总没有坏处。

午间读书 ◥

阅读原本是很个性化的事。但是，凡事无绝对。组织学生进行集体阅读，也是对个性化阅读的一种有效补充。而且，集体阅读活动并不影响学生的个性化感悟。之所以在午间安排集体阅读，是基于以下几点思考。

1. 组织集体阅读，可以形成良好的阅读氛围，激发学生阅读的兴趣。

把读书当作一种班级的集体仪式，更能显示出阅读这件事的庄重感和重要性。当然，我们需要通过各种方式强化学生课外阅读的积极意识，使学生在内心深处对阅读产生喜好感或者使命感。

2. 组织集体阅读，可以保证每个学生每天最基本的课外阅读时间。

不可否认，尽管当前国家层面出台"双减"政策，但出于升学的需要，当前很多地区的很多学校，学生学习压力依然比较大，学生用于课外阅读的时间依然普遍未"达标"。把阅读作为班级层面的规定动作，可以使阅读活动更加名正言顺。

为使阅读活动更加有效，我们会每周抽出一个中午的阅读时间，用于读书分享活动。学生轮流推荐好书或者好文章，使得阅读活动更有收获。有时候，我们会抽一个中午的时间阅读，请部分学生朗诵所读文章的精彩片段，换一种方式对学生进行文学的浸润。因为我是语文老师兼班主任的双重身份，在班级推行阅读这件事上更加便捷。而非语文老师的班主任也可以与语文老师合作，共同推行阅读。

小组会议 ◥

由于我们班十分重视小组合作，小组管理成为班级建设和发展的重要任务。为了更好地促进小组的发展，我们班规定，每天下午放学后，留下5~10分钟时间，各小组分头召开小组会议。小组会议一般有以下三个任务。

1. 小组各成员对当日的表现作简短的自我反思。然后，组长结合组员们的发言，小结小组各方面的表现。

2. 组长明确小组明日的目标任务和相关要求。

3. 一起加油鼓劲，握手告别。

班级一日三"十"的仪式，旨在使得班级各方面运行能更加规范化，提升班级日常管理的效能，更好地推进班级的发展和学生个体的成长。

高效能带班策略

5. 班级日志
——留存每一天的记忆

班级是一个不断变化和发展的生态系统，用文字把它的成长痕迹记录下来，是一件非常有意义的事。我们的班级日志打破了单一的班级情况记录，赋予了班级日志更多的功能和意义。

记录班级情况是班级日志的基本功能。通过班级日志，班主任和其他任课老师们可以及时了解班级一天各方面的情况，发现问题及时解决，有什么亮点及时表扬激励。鉴于此，我们的班级日志对班级情况的记录力求全面、精细。

班级日志之情况记录部分设计如下：

班级日志

日期：　　月　　日　　　星期：　　　　天气：　　　　值周班长：　　　　　　值日班委：

今日要务			
出勤情况	上午	下午	晚自习
卫生晨检			

| | 节次 | 科目 | 教师 | 课堂纪律 | | | 具体记录 |
				好	中	差	
纪律情况	早自习						
	第1节						
	第2节						
	大课间						
	第3节						
	第4节						
卫生午检							
纪律情况	午休						
	第5节						
	第6节						
	第7节						
卫生晚检							
纪律	晚自习						
作业完成情况							
礼仪检查							
今日亮点							
值日班委小结						班主任批阅签字	

在此基础上，我们的班级日志还增加了一项非常重要的内容：班级故事。这项工作由值日班委负责完成。虽然没有字数限制，但是，我们有两个基本要求：第一，值日班委要比较具体详细地把一天的班级情况做一个总的记录，并做简单的小结。第二，不同于前面的班级情况记录，要力求用文学的手法，赋予文字以情感。下面附上一篇我所带的一个班级的班级故事。

初遇·初一（3）

　　××年×月×日早上，初一新生报到。同学们怀着激动的心情，前往临时报到地点——学校的老校区，迎接扑面而来的崭新的初中生活。

　　室外阴雨连绵，暖风早已吹起了号角。同学们一个个背着书包，走进了临时教室，35个生疏的小脸颊从彼此身边浮现。此时，同学们进班以后的第一个念头就是：有没有小学的同班同学？大家的视线扫视四周，有的找到了小学同学，兴奋地打招呼，并坐在一起；有的则一个人静静地坐着，等待老师的到来。

　　当一个英俊的高高瘦瘦的戴眼镜的男老师看了一下班牌进班时，原以为是"plus版"学生或者是某个同学的家长，谁也没想到，帅帅的他竟是我们班的班主任！

　　填完三张规定的个人信息表，班主任叫了几个书画好的同学去装饰了黑板报。只见她们在黑板上描了大大的两个字——初遇，并画上了两位同学牵手的样子，L同学还在中间插了一句很有诗意的话——遇见·最美的自己。

　　老师过去温和地对她说：把"自己"改为"你们"更合适。是呀，老师说的对，因为这一天，是初中的开始，也是新的友谊、集体荣誉感与师生感情诞生的时刻。

　　随后，各科老师开始了一番讲解，布置了新作业，并且，也对初一——人生的重要转折点进行了一番引导。

　　在我的印象里，第一个站在讲台上讲话的老师是一个标准身材、戴着金丝框眼镜的大姐姐——W老师。

　　她用白粉笔在黑板上迅速写起了暑假的作业，还发了一张暑假单子，并且，跟同学们讲了暑假要制作一个地球仪，并收看BBC的相关纪录片，貌似很有意思的作业哦！

　　之后，是一个金色长头发、大长腿女生，她是我们的数学老师——C老师。

　　她美丽而严肃的外表下掩藏着一颗温柔的心，她会跟我们开玩笑，还为我们精确计算出暑假作业每天要做的量和做的天数。不愧是数学老师呀！她还着重提醒我们，新学期一开学就要进行初一新生测试哦。

随后，一个帅帅的、高高的男生走进教室，原来他就是我们的科学老师Q老师！我们都在下面惊叹：好年轻哦！他的黑色T恤衫上面那几个白色的字特别显眼——"满分100"！天呐，这是特意为我们这次见面订制的吗？

接着，貌美如花的英语老师Ms.Cai走进教室。她给我们布置了暑假作业，发了相关资料，并在黑板上写明了具体要求，尽管她的话不多，但每一句都是那么动听，她的声音和她的人一样美呢！

接下来，"压轴大咖"来了。

他就是语文老师兼班主任——老祁。（其实他一直在教室，只不过忙着拍照，督促同学们填表格呢！）

他是那么和蔼可亲，用幽默生动的语言调动了班级的氛围，让彼此陌生的我们感受到新集体的温度。他说，因为他的姓和科学Q老师读音很接近，我们就直接叫他老祁吧。再说，老祁是他以前学生对他的习惯称呼。大家别搞得这么严肃，我们以后都是一家人了。这一句句话深深打动着我们。他信心满满地对我们说："我们要成为最有活力、最有温度的一个班级，我希望我们一起打造'六好'班级，争做'七有'学生。"他还很智慧地说："我相信我自己，就是因为我相信你们每个人。你们可能起点不一样，但是不同起点的人，可以到达同一个终点，也许还可以比别人抢先一步到达，甚至可以比别人走得更远，获得更多。"

随后，他给我们分发了提前精心准备的精致而豪华的见面礼——一封长达近五六千字的给家长的信（用了漂亮的字体，并用淡红色的纸打印），每人一本他精心选购的书（天呐，这得花多少钱呀），还有棒棒糖（希望大家都棒棒的）。书代表精神食粮，棒棒糖代表物质食粮，我们的老祁怎么这么有爱心、这么睿智、这么有文化呢！他还诙谐地对同学们说："因为是新书，大多外面有保护纸，不舍得提前拆开，等开学时，你们还可以找我要签名，不过其中有两本书是老师看过的，还有余温呢。"

初荷满塘，萍水相逢。今天，我们初遇在初一（3）班。遇见青春年华中最美的自己，以及最美的你们。让我们共同努力，去采撷属于自己的最美的花朵，让我们以自己的勇气、毅力与自信为笔，以蓝天为纸，以初中为背景，以自己的真诚和奋斗为墨，共同谱写人生崭新的篇章！

开篇很精彩，以后更精彩！一起努力，未来可期！加油，初一（3）班！

××年×月×日

相对于班级日志的班级情况记录，班级故事的写作更突出了文学性和故事性。一篇班级故事，就是一篇优美且富有诗意的散文。学生在写班级故事的过程中，需要班主任给予必要的指导和帮助。班主任可以提供以前所带的班级写得比较好的日记作为范本，也可以让写得比较好的学生介绍经验。从实际情况看，无论带哪一个班级，学生的班级故事总是越写越好。后来班级故事的形式也越来越多样化。有诗歌体、文言体、仿写体（仿照名家名作）、漫画体等，班级故事逐渐变成了学生创作的舞台。

后来的几年，为了进一步发挥班级日志的价值，我尝试着让学生对班级日志进行整理编辑，值日班委将一天中所了解到的好人好事和其他班级的亮点摘录出来，进行口头播报，并利用班级的"点赞墙"，进一步将表扬宣传推向深入。

又过了几年，为了进一步发挥班级日志的价值，我还尝试着让学生对班级日志中的班级故事进行整理编辑，输入电脑，形成电子文稿，并整合成册。原想着把班级日志放在我的公众号上推送，但是，考虑到有些内容属于我们班级的隐私，有些内容不太适合公开，所以，经过筛选和编辑之后，我们有选择性地推送班级故事，这些故事，就是班级的成长故事。

班级日志，用多样化的风格留存班级每一天的记忆。

6. 让班级日常管理 多几分诗意

　　法国哲学家帕斯卡尔说："人应该诗意地活在这片土地上，这是人类的一种追求、一种理想。"德国浪漫主义诗人荷尔德林有一句诗更是家喻户晓："人，充满劳绩，但仍诗意地安居于大地之上。"班主任工作也充满劳绩，同样也可以诗意地安居在班级，安居在学校，安居在教育这块土地上。班主任可以用自己的内心和行为去影响班级学生的内心和行为，努力让班级多几分诗意。

　　这里说的"让班级多几分诗意"，有两层意思。

　　一是指在班级管理和建设过程中，多一些诗意的表达，即多用诗歌或者类似于诗歌（比如散文式）的言语形式去表达。革命诗人殷夫在《放脚时代的足印》里说："春给我一瓣嫩绿的叶，我反复地寻求着诗意。"我们班主任也可以这样说：老天给我一个由几十个鲜活的生命体组成的班级，我反复寻求着诗意。

　　二是指跳出诗歌的外在形式，营造超越语言表达力的情感、气概和境界。我们平时所说的诗意生活、诗意人生，其实更多是指一种生活哲学，一种生活态度，一种生活方式。

　　作为班主任，我们要努力引领班级每个学生拥有乐观从容、充满热情、丰富有趣的内心。

　　作为班主任，我们要热爱生活、热爱工作，对工作和生活充满热情。无论是带所谓的"好班"也好，还是所谓的"差班"也罢；无论是在评优评先评职上顺利也好，不顺利也好，都不要太在意。把时间和精力都全神贯注地投入工作和生活，挖掘每一个生命的光彩，把每一个日子过得热气腾腾、激情四射。

班主任的诗意人生光充满热情还不够，还得丰富有趣。比如，一个有趣的人，对于吃，不必山珍海味、满汉全席，一把小菜，几条小鱼，也可做出花样，吃出诗意，吃得开心。同样的，一个有趣的班主任，可以把一件经常做的事，比如主题班会，做出花样，做出名堂，做出意思。一个内心丰富的人会尝试生活的各种可能，对各种事物充满好奇心。同样的，内心丰富的班主任，一定是个兴趣爱好广泛，在班级管理过程中，勇于乐于去尝试各种创新之举的人。

有诗意的班主任，还要学会乐观从容。要坚守教育的信仰，找到适合自己的节奏，不跟风，不比较，不紧张，允许暂时的落后和失败。要善于将压力化成动力，将任务化成奋斗的目标，将艰苦的生活化成有诗意的生活。

当老师和学生都有了一颗诗心，有了一种充满诗意的人生态度，便可以让看似平常的班级日常管理变得诗意盎然，即便有时候班级会出现这样那样的问题，我们也要相信黑暗是黎明出现前最好的铺垫。

以下列举让班级日常管理诗意蔓延的几种途径。

诗意班级故事 ◥

前面讲到，我们班有班级日志，也有班级故事，都是由值日班委轮流记录或者叙写完成的。记录班级日志的语言，自然是规规矩矩的。但是，写班级故事则完全可以用文学性的甚至诗意的表达方式。在班级故事的表达方式中，用诗歌体叙事，难度较大，学生有时候会采用接近于诗歌的散文化的表达方式，即便是普通的记叙文，大多写得也唯美感人、富有诗意。

诗意评语 ◥

如今，班主任对学生评语普遍很重视，大多喜欢用创新的方式，对学生进行评价，可谓"八仙过海，各显神通"。原先那种十分公式化、模板化的评语，显得比较宽泛和呆板，学生很容易会产生阅读疲劳。我有时候喜欢用写小诗的方式给学生写评语，即便不是小诗，也尽可能用富有诗意的语言去表达，使之情理交融，给学生带去温暖和力量。

以下是我给学生写的几则评语：

嬉笑怒骂真性情，

能文能武有才气。

美中不足太粗心，

扬长避短更精进。

以笔为剑，你是学习场上的斗士：

班级倒数，不甘；

艰难险阻，不怕；

知耻而后勇，愈挫愈勇，勇往直前，

你，

不断进步。

你用坚实的脚印告诉人们：

当你足够努力的时候，

所有的困难都会为你让路。

累了，歇一歇，

再出发，

老师为你准备好最后胜利的烟花！

诗意提示语 ◥

诗意的表达还可以体现在班级的欢迎词和提示语中。

我们班有一个角落叫"温馨日历"，其中的核心内容是——温馨提示。写温馨提示的时候，我提前跟负责的学生说，语言风格上要尽可能灵活多变一些，文字要尽可能地灵动诗意一些。

有一年冬天，突然降温的时候，学生在"温馨日历"上写的温馨提示是：

天冷了，多添一件衣服，温暖了自己的身体，也温暖了父母长辈的心。

有一次，班里一位任课老师过生日，学生在"温馨日历"上写的温馨提示是：

我们拿什么来爱你，我们心目中最帅的男神？
鲜花，掌声；全对，满分；还有一句最真诚的祝福：W哥，生日快乐！

诗意命名 ◥

班级的诗意还体现在诗意的命名上。

我们可以让班级活动名称更有诗意。比如，一次在冬至日举行的班级美食大会，我们称之为"唯良辰和美食不可辜负——班级首届美食大会"；再比如，一次班级亲子拓展活动，我们称之为"拥抱金秋，走进自然——××班野炊即亲子拓展活动"等。

我们可以给学生在班级的职务取一个有诗意的名字。比如，前面提到的班级绿植主管，后来我们称其为"护花使者"（男生）和"花仙子"（女生）；我们称班级的电灯、电风扇主管为"能源守护神"等。

7. 藏在细节里的
爱与温度

高尔基说："谁不爱孩子，孩子就不爱他，只有爱孩子的人，才能教育孩子。"李镇西老师曾说，他之所以获得成功就是源于他的爱心教育，他还在书中这样说："一个真诚的教育者同时必定又是一位真诚的人道主义者。素质教育，首先是充满人情、人道、人性的教育。一个受孩子衷心爱戴的老师，一定是一位最富有人情味的人。"作为一名教师，一名班主任，爱是一种职业态度，也是一种职业素养。而对于班级和学生而言，班主任的爱是一种特殊的力量。在温馨和谐的、充满爱意的环境中，个体生命能够得到更好的成长，这样的班级才更有生命力。所以，我们要努力打造一间有温度的、充满爱意的教室，做好每一个细节，让学生在不经意间能感受到教室里的爱与温暖，以及由此产生的能量。

开学日，精致的桌签和小礼物 ◥

新生第一次见面会，我们要精心准备，让全班同学对这位新的班主任、对这间新的教室产生最好的第一印象。

新生第一次见面会，我一般会提前给每个学生准备临时座位的桌签。以前我都是手写学生的名字。现在，桌签上的字一般采用印刷体，但是我会在桌签纸张的颜色和桌签的样式上花点儿心思，力求美观别致，给学生以新鲜的、美好的感受。如此，学生便能在陌生的环境里迅速找到属于自己的座位。同时，以此让每一个学生明白，他们都早已在班主任心中有了位置。这样，可以明显减弱学生对新班主任、新教室和新集体的陌生感。

接手新的班级，我会给每一名新生准备"见面礼"。它们有时候是点心加书签，有时候是课外书。无论礼物价格高低，都是班主任的一份心意。学生们收到我这个陌生人的礼物后，都会特别开心。因此，欢笑也成了我们第一次新生见面会上的标准表情包。

公用雨伞和防滑垫 ◥

我们班教室后面的角落里，有一个精致的雨伞架。雨伞架上整齐地插着各种款式和颜色的雨伞。这些雨伞有的是我捐赠的，有的是家长捐赠的，也有的是家委会采购的。南方雨天较多，到了夏季，雨说下就下。放学的时候，突然遇到下雨，如果有些学生没有带伞，那就可以到雨伞架上取一把伞用，第二天返校时再带回来放回原处。

下雨的时候，我们还会在教室门口设置防滑垫，防止学生滑倒。

备用外套、拖鞋和袜子 ◥

我们班教室的储藏柜里，一年四季都会备一件不同厚度的外套，还有至少两双袜子（男女生款式各一双，或者两双通用款），它们有的是我从家里带的，有的是我自己买的。有些学生身体不舒服，感冒着凉了，身体感觉冷，或者在午睡的时候需要加披一件外套，我们的备用外套便派上用场了。而当学生在下雨天的时候，上学路上鞋子湿了，到了教室，就可以到教室的储藏柜里拿一双干燥的袜子换上，再穿上拖鞋。

吹风机、干毛巾和卫生巾 ◥

我们班教室的储藏柜里，还会备有一只吹风机和一块干净又干燥的毛巾，它们有的是我从家里带的，有的是我自己买的。南方雨季时间很长，尤其是春夏季节，天气经常在一天内反复"变脸"，大雨经常会不期而至。这个时候我们班的吹风机和干毛巾就会派上大用场。我们班经常会出现这样的情况：下雨天，学生们走进教室，纷纷排队用吹风机吹干头发和衣服，并用干毛巾擦干。女生有时候突然来例假，又没提前准备卫生巾，可以去专用的柜子里自取，以解燃眉之急。

精致小门帘 ↘

现在，很多学校教室的门都是在中间嵌入一块玻璃，一是为了美观，二是便于学校管理。但是，这也带来一个问题：午睡的时候，即便所有窗帘都拉上，教室前后门上方或者中间的玻璃还会透光。为了解决这个问题，给学生创造最理想的休息环境，我会自己动手或者请家委会中手工技术比较好的家长设计专用的小门帘，再配上挂钩，这样就可以不再透光，也便于挂取。据我了解，很多班级都是不做任何处理，或者有的简单地用报纸、书本遮挡一下，这样真的不够美观，遮光效果也不好。我们班挂上特制的精致小门帘，让人感觉到温暖、贴心的同时，也给人带来了视觉的愉悦感。

公用爱心点心 ↘

中小学生正在长身体，饭量一般都比较大。虽然我们提倡正餐吃饱，零食吃少，但难免会有学生因为胃口不好等，出现突然性的饥饿（这一点我本人深有体会，我就属于那种肠胃不好的人，有时候正餐吃不下，会偶尔出现突发性的"饿晕"的感觉）。这种情况下，如果学生又恰好没有带点心，班级的公用爱心点心就派上用场了。

爱心点心一部分是我出钱买的，一部分是家委会提供的。我们班级有专人负责爱心点心的存放和发放，专门留出一储物柜的其中一格用于存放。有需要的学生可以向负责的同学要。如果负责的同学不在，可以自己去取。有些学生发现点心储备不足，第二天会从家里带些来。或者自己今天点心带得有点儿多，会自觉地留一部分"充公"，实现爱的循环。

"温馨日历" ◥

我们班的黑板会留一个角落，用作"温馨日历"。"温馨日历"一般呈现的信息是：公历日期 + 农历日期 + 星期几 + 天气 + 温馨提示。

以上信息中，核心内容是温馨提示。如果遇到下雨天，值日班委会写上一句话：雨天路滑，小心骑车。如果是有冷空气，会写上：冷空气来袭，气温下降，请注意保暖。如果是某个学生或者老师生日，会写上：祝 ×× 同学或者 ×× 老师生日快乐！（旁边还会画上蛋糕、蜡烛）如果明天有什么考试，会写上：明天考试，请记得带齐考试用具，祝同学们取得优异成绩。如果明天要举行什么活动，比如运动会，会写上：明天运动会，别忘了戴上帽子哦……

这样的温馨提示，让同学们不断地感受到来自班级的温暖。

"变形"的作业单 ◥

有时候遇到节日，我们班的作业板（专门用于布置作业的小黑板或小白板）上会出现与往常不一样的作业单。一开始，我会主动授意，请各科的课代表用富有创意而充满爱意的方式去"美化"任课老师布置的作业。

记得有一次班级的寒假作业牌上，各科的课代表各显神通，融入各学科的元素，除了正常的作业内容外，还在作业板上附上极具创意的"祝福语"。比如，语文课代表用简笔画画了当年最流行的双手推掌表情包，里面写着几个字："作业少，过年好，妙！"科学课代表用化学反应式给全班同学送上了新春祝福。数学课代表用一个很复杂的数学公式送上了新春祝福。如此，便增添了节日的气氛，也让作业不显得那么"讨厌"。

后来班级形成了良好的氛围，师生间有了默契，每逢重要节日，不等班主任提醒，课代表们就会灵感乍现，在班级作业板上写上"变形"的作业单。

返校日，"回家"的感觉真好 ◥

每学期学生返校，我也会提前做精心准备。有时候是我一个人完成，有时候会邀请家委会热心家长一起参与。将教室再仔仔细细地打扫一遍，在黑板上或者大屏幕上写上几个字或者几句话，让学生有一种回家的感觉。

我特别难忘的是，2020年春季开学时的那个场景。因为受新冠肺炎疫情影响，学校不断延期开学。经过漫长的寒假，很多学生对教室有了陌生感，而有的学生经过这个寒假，身心受到了影响。为了在这个特殊的时期给同学们更多的能量，我在教室布置方面下足了功夫。其中最用心的有两个细节：一是制作了一张非常漂亮的幻灯片，上面写着十个字："好春瞳瞳日，少年翩翩归！"背景绿叶葱茏，充满活力，富有春意。二是精心设计教室外走廊上的各科作业标识牌。疫情尚未完全结束，为了防止交叉感染，学校要求每位学生自行将作业交到教室外的桌子上，每张桌子一科作业，提前标示好。我们班的提示语不是"语文""数学""英语"，我是想了一整天，想出了与其他班不一样的五门课的提示语。语文：春色满园盼君归；数学：校园红花有几枝；英语：Flowers are getting red；科学：花儿为什么这样红；道德与法治：花儿在开放，劝君莫采撷！五句提示语一方面体现学科的特质，另一方面富有诗意，而且五句提示语都是跟花儿开放有关，形成了有机的整体。这一句句提示语的出现，使得一张张桌子仿佛成为会说话的人，欢迎久未见面的老朋友的归来。春天的气息扑面而来，浓浓的诗意在走廊上蔓延。我发现了同学们交作业的时候都是会心一笑。那个时候，我也笑了。

桌签、雨伞、防滑垫、外套、拖鞋、袜子、吹风机、毛巾、小门帘、黑板角落、小白板、屏幕、桌子……教室里这些细小的东西因为有了爱而变得有温度，有灵性。是的，除了人，教室里的每一种事物也都是有生命的，教室就是一个生命场，每一个生命之间都会有对话、有交融，这就是一间充满生命活力的、会呼吸的教室。

点滴之水，汇聚成海洋。藏在细节里的爱意表达，小小的，轻轻的，而又暖暖的。

8. VIP 专席，
爱的专席

在我们班，我们会设立几个 VIP 专席，每个专席的桌面上会摆放着我们班策划宣传部部长和主管们手工精心制作的 VIP 专席桌卡。

VIP 专席是什么？VIP 专席就是贵宾的专座。谁有资格申请 VIP 专席？主要是两类人：一类是身体不舒服的人，一类是心理不舒服的人。

当有学生身体不适，比如感冒，或者肚子疼，或者身体受伤，他就有资格申请坐上 VIP 专席。另外，当有学生今天心情不好的时候，他也可以申请 VIP 专席桌卡。

为什么要设立 VIP 专席？

设立 VIP 专席，可以让生病受伤或者心理不舒服的学生享受"特权"。比如，肚子疼可以趴在桌上，可以有比较自由的坐姿，可以无须参与课堂活动，可以无须做作业。如果没有 VIP 专席，学生的一些特殊的行为就很容易被误解。

设立 VIP 专席，可以让任课老师和全班同学对申领 VIP 专席的学生多一份关注和帮助。当有同学生病或者受伤时，坐上 VIP 专席，教师和班级生活部医疗队的"小医生""小护士"就可以在第一时间获知该学生的信息，然后按照班级相关的互助救援机制，及时对他进行贴心的照顾。比如，可以定时给感冒的学生量体温，给他端茶、递药。受伤的学生行动不便，有些事情做不了，医疗队的"小医生""小护士"和其他学生可以代劳，或者协助受伤的同学完成。同样的，当有学生心理不舒服时，教师、同学可以找他谈心，用合适的方式给予他最大的帮助。

当然，每个学生的个性有差异。有些学生心理不舒服，不会轻易让别人看出来，更不会轻易接受别人的帮助。而有些学生即便生病，或者受伤，也不太喜欢被别人知道，不太喜欢接受别人的帮助。但这只是少数的情况。有 VIP 专席，至少可以让有需要的学生得到更多更好的帮助，哪怕是少部分。而事实上，随着班级运行机制的不断成熟，教师和学生、学生和学生之间默契程度越来越高。也因此，更多的学生会根据实际需要，申领 VIP 专席卡，坐上 VIP 专席，享受来自班级大家庭的温暖。

3

立足成长，
全民主角

——提高班级主题
活动的效能

· · · · · · · · · · ·

活动是最好的德育载体。班级主题活动应该以学生为中心，让学生站到舞台中央，而且应该坚持"全民参与"理念，努力创造机会，搭建平台，让每一个学生都有机会成为主角。所有的主题活动不是为了活动而活动，而是为了助推班级的发展和学生的成长，所以，要在活动中不断地赋能。

1. 打造
优质高效的班会课

班会课是班级主题教育活动的重要形式。一堂好的班会课除了具备好课的基本特质外，至少还需要具备以下几个特点。

满足现实的需要

上班会课，不是为了作秀，不是为了应付检查，而是为了学生的成长和班级的发展。因为没有班会课的统一教材，班主任只有自行开发，确定班会课的主题和内容。而主题内容的选择，一个重要的考虑因素是：从学生和班级的实际出发，从社会和时代的实际出发，解决学生和班级在成长发展中的问题，即满足现实的需求。这样，班会课才更有效，更有价值。

引入精当的素材

一堂班会课不能全部都是空洞的大道理，引入适当的素材，可以让学生更好地进入话题，理解内容和主题。所以，我们要选择最精当的视频、图片和文字等素材，提高班会课的效率和效果。所谓精当，包括两个方面：一是素材本身要精致。不能很随意地在网上下载一个素材，然后全部复制，要根据上课的需要进行删减或者编辑组合。这是需要花时间和心思的。二是素材要切合主题，要有用处。不能为了所谓课程资源的丰富性，为了引用而引用。

恰当使用创新的形式 ◥

相对于一般的文化课，班会课的教学形式可以更加丰富灵活，可以融入其他学科的元素。出于需要，我们常常在班会课上安排小品、情景剧、诗朗诵甚至歌舞表演等活动。有了这些活动，课堂气氛会更好，学生会更乐于参与，但是不能为了作秀，为了热闹，刻意地去求新。所有的形式最终还是为内容服务。如果班会课演变成了纯粹的才艺展示或者联欢会，那就是舍本逐末，失去本真了。

设置"真实"的情景 ◥

优质的班会课往往会设置一个或者几个真实的情景或者接近真实的模拟情景。班会课的最终目的是助力学生的成长，它是成长课程。而基于真实生活情景的体验，使学生更有话说，也更能引起学生的共情，如此才能让学生获得更好的成长。

进行充分的对话 ◥

当下班会课普遍存在一个现象，那就是"三多"，即引用的素材太多，设置的活动太多，授课者要讲的台词太多。环节很多，节奏很快，因此带来一个严重的问题就是，学生的思考和对话明显缺失。我们需要留足时间给学生对话和思考，引导学生进行思维碰撞。

2. 班会课实录一：
我们是家庭未来的顶梁柱

出于家庭和社会等多方面的原因，当前的学生普遍存在责任心不强、缺少担当意识的问题，习惯于接受来自父母或者其他长辈的关照，甚至是毫无保留和原则的溺爱，不懂得感恩，不懂得付出，不懂得需要做什么，不懂得需要承担什么责任。而通过"家庭未来顶梁柱"的身份定位，教师引导学生明确自己未来的社会角色，并进一步明确自己现在该怎么做，需要承担什么责任，这是十分具有现实意义的。班会课就是为了满足学生成长过程中的现实需要。

情景导入 ◥

师：请同学们欣赏一个短视频，曾经在央视播放过的一则公益广告《FAMILY》，然后请用一个词表达你的感受，并作简要说明。

生：感动。看了这个公益广告，我被爸爸妈妈的爱感动，他们陪伴我们一路成长，真的太了不起了。

生：感恩。爸爸妈妈是我们生命中的贵人，他们为我，为这个家付出了青春，付出了一切，我们应当心怀感恩。

生：心酸。看到视频中曾经无比强大的"F"变得弯腰驼背，看到曾经年轻漂亮的"M"变得体态臃肿，失去了往日的容颜，我就想流泪。

生：责任。爸爸妈妈慢慢变老了，而我们渐渐长大了。我们有责任去照顾他们，撑起这个家，就如视频最后出现的那句话所说的：有爱就有责任。

师：同学们说得都很好，老师可以看出来大家都很重感情，也很懂事。是的，我们都是这个家庭未来的顶梁柱。（出示课题）

（用有趣的卡通视频导入，能激起学生的兴趣；视频中感人的场景可以触发学生的情思，营造良好的课堂氛围，为整堂课定下感情的基调。素材的选择要精当有用。）

课题解读 ◥

师：什么是顶梁柱？顶梁柱原来是指建筑结构中起支撑房梁作用的柱子。而支撑家庭的人，就是家里的顶梁柱。房子的顶梁柱没了，会如何？家庭的顶梁柱没了，又会如何？

生：房子的顶梁柱没了，整间房子就会倒塌；而家庭的顶梁柱没了，整个家庭就会支离破碎。

师：请具体解释一下，为什么家庭顶梁柱没了，整个家庭就支离破碎了。（PPT呈现三张图。左图：一个几个月大的孩子套着游泳圈在浴缸里游泳；中图：一对青年夫妻在客厅里手挽着手；右图：一对老年夫妇坐在公园的石凳上休息。）

生：因为作为家庭的顶梁柱，上有老下有小，他们都需要照顾。如果顶梁柱生病了，或者消失了，那么老人和小孩就没人照顾了。

师：是的，PPT里的这对青年夫妇就是家庭的顶梁柱，是中流砥柱，是不可或缺的。

（结合图片，通过讨论，对课题的关键词进行解读，理解顶梁柱的含义。素材的选择要精当有用，对话要充分展开。）

顶梁柱承担的责任 ◥

师：那么，做一个顶梁柱难吗？他具体要做什么？身上究竟有哪些需要承担的具体责任？

生：照顾老人和小孩。有时候孩子或者老人生病了，要送到医院，还要照顾、陪护，这是一件非常辛苦的事，而且可能还要辛苦很长时间。

生：还要赚钱养家糊口，面临着工作的压力。

师：大家觉得你们的父母工作辛苦吗？压力大吗？请结合实际情况说说。（PPT出示来自各行各业的家庭顶梁柱们工作的场景图片）

生：我觉得我的父母工作压力很大。我的爸爸是个外科医生，有时候一天要做好几台手术，一台手术短则一两个小时，长则四五个小时，而且晚上还要经常加班。我的妈妈是个老师，每天都是天刚亮就出门，经常在天黑的时候才回家。

生：我爸爸自己开店做老板，挺忙的。他经常出差、应酬。有时候店里忙的时候，人手不够，我爸爸还要亲自搬运货物。而且，我看他有时候回到家里也是愁眉苦脸的，偶尔听到他跟我妈妈诉苦，说生意难做。哎，这老板当得也不轻松。我妈妈是全职太太，不用上班，但要照顾我和调皮的弟弟，貌似也不安逸。

生：我们家父母都是工厂里的工人，我觉得也挺辛苦的。每天在厂里要上八九个小时的班，有时候周六还要加班。

……

师：从刚才同学们的讲述中，我们感觉到了父母们工作的艰辛和承受的压力。现在我想做总体的了解，请大家做个选择题。觉得自己的父母两个人工作压力都比较大的请选A；觉得自己的父母其中有一个工作压力比较大的请选B；觉得父母两个人工作压力一般的请选C；觉得父母两个人工作压力很小的请选D。

（生举手做出选择。）

师：老师刚才统计了一下，选择A和B的加起来差不多占了班级的90%以上，可见，咱们的父母真的不容易，没几个是轻松的，又要工作赚钱，又要照顾家人。

（受图片中那些父母艰苦劳累的工作场景的触发，老师引导学生通过对话讨论，结合自己父母的工作生活实际，理解父母作为家庭顶梁柱，身上所承担的责任和为此付出的艰辛。精选图片，展开充分的对话。）

顶梁柱必备的素质　◥

师：那么，怎样的人才能做好家庭的顶梁柱？作为家庭的顶梁柱需要具备哪些必要的素质或者条件？请大家小组讨论一下，选出你认为最重要的两点，上台写在黑板上。

（生小组讨论，后派代表上台板书。）

师：统计一下，排在最前面的是两个词：责任心，有能力。大家的认知非常客观、合理。为你们点赞。

（在前一个环节讨论的基础上，引导学生进行归纳，形成共同的认知。小组讨论，让对话的普及面更广。）

我们现在该做的事　◥

师：前面我们集中讨论了顶梁柱要做很多事，承担着很多责任，那么，作为未来家庭顶梁柱的你们，现在应该怎么做？请大家先看一段视频。

［大屏幕播放央视专题节目《最美孝心少年颁奖典礼》（爱心少年吴林香片段）。］

视频内容提要：13岁的爱心少年吴林香，父母离异，外公外婆身体不好，妈妈又查出癌症，还是晚期。吴林香一个人撑起这个家，既要成为家里的主劳力，又要安慰妈妈，但依旧咬牙坚持，在家人面前始终保持微笑，忙完家里的事，还争分夺秒勤奋地学习。后来妈妈去世了，林香化悲痛为力量，继续代替妈妈照顾外公外婆和弟弟。

（生看视频，后谈感想。）

生：吴林香真的很了不起，她真的好可怜。（声音哽咽）虽然我现在的家庭环境比吴林香要好得多，没有必要像她那么辛苦，但是，我觉得作为家庭未来的顶梁柱，现在就要培养良好的意志品质，做一个有责任心的人。天有不测风云，万一哪一天需要我挺身而出的时候，我必须勇敢地站出来。（越来越激动）

师：说得真好！看得出来，你现在情绪有点儿激动。那么，请真诚地告诉我们，你觉得你有责任心吗？

生：（露出不好意思的表情）实事求是地讲，我觉得我的责任心一般，有时候蛮强的，有时候我又喜欢推卸责任，逃避责任。

师：谢谢你的真诚，我想你会慢慢地变得更有责任心。

生：我们前面讨论过了，做一个家庭的顶梁柱除了有责任心，还得有能力，就像吴林香那样，会干农活，又会做家务。我想我现在要努力培养各方面的能力，比如劳动能力、社交能力……

生：我觉得我现在要好好学习，为将来步入社会参加工作打好基础。不好好读书，将来找个工作养活自己都困难，还谈什么照顾整个家庭呢！

生：我觉得我现在就要为父母分忧解愁。不要什么事情都要等到真正长大了再去做。

师：大家都说得很有道理。第四位同学刚刚说，我们现在就可以为父母分忧解愁。那么，现在的我们如何为父母分忧解愁呢？我们先来看两个情景短剧。

（大屏幕播放情景剧视频。由同学扮演角色，提前录制好。）

（生看情景剧。）

师：大家看了之后，有什么感受？

生：我看了之后感到十分汗颜。第一个情景剧里的那个同学似乎就是我。有时候我真的太不懂事，太任性了，太不关心父母了。妈妈明明身体不舒服，让我自己泡碗方便面吃，我还满肚子的怨言。

生：我觉得，作为孩子，当妈妈说身体不舒服的时候，首先想到的是关心一下她，还可以为她倒水、拿药，劝她上床去休息，或者陪她去医院。

生：第二个情景剧里的那个场景在我家里也发生过。爸爸有时候也会唉声叹气，我似乎从来没有关心过他为什么叹气，而只是想着他需要为我做什么。

……

师：课上到这里，大家的认识越来越深刻了。那么，总结一下，现在的我们需要在哪些方面了解和关心父母，为父母排忧解难？

（PPT呈现各行各业的"爸爸妈妈"们辛苦劳碌的工作场景。）

生：我们需要在生活上、工作上、身体上等多方面了解和关心父母，关注父母的生活细节，而且尽可能主动去了解。

生：我们还可以帮助父母做一些力所能及的事，比如家务。

师：说得好。关心父母，为父母排忧解难，现在就可以做到！下面让我们复盘一下刚才的两个情景剧。请大家把刚才的认知和思考融入到剧情里，小组内进行即兴表演。

（生在组内即兴表演。）

（大屏幕播放筷子兄弟的歌曲《父亲》，显示歌词。）

（由对家庭未来顶梁柱的讨论过渡到现在的我们应该怎么做，这个环节是本堂课的核心和高潮。老师借助视频中爱心少年吴林香这个榜样的力量，触动了学生的心灵，进一步打开了表达情感的通道。学生观看事先制作的情景模拟短视频，通过对情景内容的评价和反思，进一步提升了认知，明确了现在的自己该做什么，该怎么做。这个板块的两个视频，前者是网上资源，后者取材于学生的生活实际，是自编自导的原创，都十分精当，而后者运用"真实"的情景，更能引起学生的共情。）

教师总结 ◥

（师在音乐声中深情总结。内容略。）

（配乐也是很重要的素材，要精心挑选。）

布置课后作业 ◥

师：以"我是家庭未来的顶梁柱"为主题，结合今天这堂课的感悟和自己的生活体验，在纸片上给父母写几句话，然后放在信封里，亲手交给父母。

（一堂班会课，很多时候不仅仅限于课堂本身，还可以通过任务驱动，对班会课进行有效地延展，以此强化学生对主题的理解，往往能收到更好的效果。）

3. 班会课实录二：
烦恼接龙，一堂特殊的班会课

最近，A 同学经常向我诉苦，说自己有很多烦恼，如班里有许多同学不服从管理，随意开电风扇，只顾自己享受而不管别人的感受等。生活委员、体育委员也在我面前表露出委屈的情绪。我刚接手这个班不久，对班级情况还没来得及深入了解，现在就有同学找我倾诉，就推测班级其他主管一定也有烦恼和苦衷，于是我采取个别谈话的方式展开调查。果不其然，大部分主管纷纷向我吐露了心中的不快。我心想，如果任凭这一现状延续下去，对班集体的建设是极为不利的。为了给学生的负面情绪找到一个合理的出口，使学生的不良情绪得到及时化解，我决定充分发挥班主任和全体同学的作用，采取一种比较有效而独特的活动方式来解决。

班会以游戏的方式进行，游戏的名称叫"烦恼接龙"。游戏开始，我首先请班级电风扇主管 A 站起来，对大家说："A 同学最近有不少烦恼，这些烦恼均源于我们自己的班级，那么现在，我们给她一个倾诉的机会，让她大胆地说出令自己烦恼的事，大家共同帮她排解烦恼，好吗？"这时，平时胆子比较小的 A 同学迟疑了片刻，鼓起勇气说："令我烦恼的事是咱们班电风扇的使用问题，尤其是 B 同学对风扇不合时宜地使用，特别令我苦恼！"我马上请 B 同学站起来，并让 A 同学说说他是怎样让自己烦恼的。A 说 B 同学喜欢打篮球，打完篮球后汗流浃背地回来，就立马打开电风扇乘凉，而不顾其他同学的感受，坐在他旁边的其他同学经常跟着受冻甚至感冒。B同学一边听一边低下了头。然后我请A同学坐下，问B同学是否有这种情况出现，他点点头，承认自己有这样的行为。接着，我请他说说身为体育主管最近有什么烦恼，他立即抬起头，十分激动地睁大眼睛说："班级有的同学出操不排队，队伍不整齐，做操很不认真！我都烦死了，不想管他们了！"我注意到他说到最后，每个字几乎都是吼出来的。然后，我走到他身边，拍拍他的肩膀，示意他别太激动，并让他说说谁令自己苦恼，哪些行为令自己无法忍受。他毫不犹豫地喊出"C"并恶狠狠地白了C一眼。C同学站起来，平时一直"霸道"的她此时也不示弱，还没等我提问，就抛下一句："B这个人其实也很烦！"随后，她向我们诉说了自己当文娱主管的烦恼。她说，很多男生午唱时不认真唱，有的还发怪腔。尤其是自己在发音乐书的时候，许多男生总是乱抢乱夺，导致场面混乱，总有几本书被弄破，而B是当中的绝对主力。然后他们俩就大眼瞪小眼，互相赌气。我看这两位同学撞上了，心情不好，先让他们坐下，暂时退出游戏，再请班级公认烦恼最多的同学——卫生主管说说自己的烦恼。卫生主管D委屈地道出了自己的烦恼："班中总有个别同学搞特殊，不认真履行自己的职责，经常不扫地！比如E同学！"他边说还边做了一个痛苦且愤怒的手势……

接龙游戏还在继续，其他同学也在下面议论起来。过了几分钟，我让全班安静，严肃地说："同学们，刚才的游戏大家都看到了，这不是一场普通的游戏。这个游戏如果延续下去也许三天三夜也做不完。因为班级几十个人，每个主管都有各自的烦恼。有的主管的烦恼不是因为其中的某个同学，而是因为很多同学。做这个游戏，老师不是让大家互相'揭短'，只是想让大家学会换位思考。"接着，我请班长发言。他说："同学们，大家想一想，如果你不配合别人的工作，不遵守班级的规章制度，自私自利、自由散漫，给他人添麻烦，这样大家在这个集体中都不痛快，而且整个班级也会陷入无序混乱状态。为此，我们要体会做主管的难处，互相理解和支持。如果每个人的本职工作都做好了，那么我们这个班级就是一个文明和谐的集体。我们生活在这样的班级里就会少一份烦恼，多一份快乐。"团支部书记也主动站起来说："我们这样做其实也是对事不对人，别人讨厌你，对你不满，是因为你做得不好，影响他人的工作，也影响整个班级。我们不该憎恨那些对你不满对你有怨言的主管。同样的，换个角度，对于那些让你有几分讨厌、给你添堵的同学，我们也该通过合适的方式去沟通，尤其是经过这次游戏之后，我希望大家之间的各种不快能得到化解。"

同学们认真的听着，纷纷点头。接着，我请学生代表说说，以后我们具体怎么做，才能不给别人添麻烦。几个平日不太守规矩、经常惹事的活跃分子这次抢着站起来发言。C同学说，以后她一定认真做操，服从体育主管B的管理。B同学说，自己也对不起C同学，有时怀有报复心理，真的太自私太小气了，以后一定会改正……

然后，我说再来一次模拟真实场景的接龙游戏，由烦恼接龙变成幸福接龙，请大家想想该怎么完成游戏。同学们纷纷讨论起来。几分钟后，几个同学自告奋勇地站起来，表示要参与游戏；随后，越来越多的同学愿意加入游戏。幸福接龙中，我似乎看到文娱主管发音乐书时，电风扇主管主动帮忙一起发；我也看到电风扇主管想过去关电风扇时，离开关位置更近的自行车主管主动抢着去关；我还看到自行车主管在排被风吹倒的整排自行车时，娱乐主管停好自己的自行车，俯下身，帮忙一起扶起自行车……

忽然，教室里响起了我事先准备好的音乐——歌曲《相亲相爱一家人》，我宣布游戏结束。大家此时心有灵犀，班级里不遵守班规，曾经给那些主管带来烦恼的同学，纷纷主动来到身陷烦恼的各个主管身边，向他们说声"对不起"，并由衷地表达自己的歉意。我看到，有的同学向相关主管深深鞠躬，有的则紧紧拥抱在一起。

班级是一个大家庭，生活在这个家庭中的几十个成员，在一起生活久了，彼此之间难免会产生一些不良的负面情绪。有了不良情绪并不可怕，关键是作为班主任，要发挥自己的智慧引导学生把不良的情绪内化、吸收，进而转化为积极的情绪。而通过班会活动和游戏，给学生搭建排遣不良情绪的有效通道，营造积极的情绪场，避免了空洞的说教，并将德育渗透进具体的活动中，努力实现了德育无痕。烦恼接龙，表面看是让学生诉说烦恼，但实际上是给学生的不良情绪找到了一个很好的出口，使学生的不良情绪得到了有效的排解。随之而来的幸福接龙游戏，则是在排遣不良情绪后的一次转化和升华。

另外，处理学生的问题时，班主任要有班级意识。如果在处理解决学生个别问题的过程中，对班级的共性问题有积极的影响，便更能推进班级的发展。也正因此，我把 A 和 B 等几位同学个体间的不良关系"带进"了班级，"带进"了班会。

本堂课通过"情绪接龙"这个形式，再现真实场景，引导学生展开充分的思考与对话，借助班会课所营造的特殊场域，探讨与解决个体问题和班级问题，形式新颖，有趣而有效。

4. 微班会，大用处

微班会和班会课本质上并无区别。顾名思义，微班会就是微型的班会课。但微班会又不是班会课的简单压缩。一节 15 分钟左右的微班会和一节 40 分钟左右的班会课在具体的要求和操作形式上有诸多的差异。关于两者的区别，这里不展开论述。下面，仅简要谈谈微班会的几个显著特质。

主题集中，内容精要

由于时间短，不能面面俱到，无法完成太多的目标任务，一般情况下，一节微班会，只有一个主题、一个目标任务，解决一个具体问题。因此，要精选内容，精心准备。

形式精致，便于操作

一节微班会不可能采用过多的形式，安排过多的活动。因此，要去繁存简，选择最合适的、便于实施的形式，以期达到最好的效果。

应对突发，灵活机动

有时候，微班会无须精心准备，可以"临时起意"。相比于班会课，微班会更适合用于处理班级突发问题，可以在必要的时候，比如课间，随时举行，更加灵活机动。

微班会尽管体量微小，但是在班级成长课程中同样具有重要的作用，其灵活便捷的操作方式，是对班会课的有效补充。

下面是一堂微班会的实录。

兄弟抱一抱

有一次，班里的安全主管气喘吁吁地跑来跟我说："老师，小 J 和小 Y 又在教室里打起来了！"我听了之后，急忙跟着安全主管跑到教室。两个打架的人被班里的几个男生分别拉着，但他们彼此还在骂着对方，显露出一种很不甘心的表情。看到我来了，他们算是稍微收敛了一些。我先仔细检查了一下他们彼此的伤势，发现两人只是脖子上留有几条不太深的被手指抓破的划痕，没有什么大碍。接着，我用双眼注视着他们，沉默了片刻。他们也沉默着。随后，我就把他们带到办公室。我简单地了解了打架的起因和大致的过程。原来他们没有什么太深的矛盾，就是看着对方不爽。

他们俩分别站在办公室的一角。我坐在位置上，开始想着如何解决这个问题。他们这个班是我初二中途接的班。因为短短一年内更换了好几个班主任，班级出现了很多问题。其中，就有几个男生像他们这样一言不合就动手。班级同学之间拉帮结派，很不团结。据说，小 J 和小 Y 从初一到现在已经打过不少于五次的架。如何处理这件事，并借这件事的处理，来改善这两个学生的关系，进而改善班级其他有矛盾的学生之前的不良关系，推进班级的发展呢？我想了好一会儿，终于有了主意。

"走，跟我去教室！"我拽着这两个学生的手，来到教室的讲台前。我对全班同学说："同学们，接下去这节课刚好是自修课，我们来举行一次微班会。这次班会由老师亲自主持。"孩子们大概猜到了这次微班会的主要目的，也便很自觉地安静下来。

首先，我在黑板的中间画了一条竖线，将黑板一分为二。"现在请这两个刚刚打架的同学在黑板上写上彼此的缺点，你们不是都看对方不爽吗，那么，就放心大胆地写吧，越多越好，一人一个区域。"这时候，离他们打架结束已经过了大约一节课的时间。虽然他们的表情告诉我们，他们心中的气已经消了一部分，但依旧留有几分对对方的不满。其实，他们一直看对方不爽，要写对方的缺点，那不是一件很简单又很痛快的事情！于是，他们几乎同时拿起粉笔，用粉笔狠狠地在黑板上写上彼此的缺点。语文基础比较弱的，平时不善表达的小Y此时也有如神助，一个个贬义词在黑板上出现了：言行不一，虚伪，死要面子，爱拍马屁，爱说谎话……尽管有不少错别字，字也写得很潦草，但一下子写出这么多词语去形容一个人，这水平远远超越了他在语文课上的表现。而语文水平相对较好的小J更是在黑板上写满了长长的几行。

我看他们都写完了，看他们的情绪也发泄得差不多了，停顿了片刻之后，就语重心长地对他们说："你们承认自己身上有这些缺点吗？"他们都点点头。我接着说："一个人总有优点和缺点。你们两个想一想对方有什么优点，也把它写上去，也要实事求是。"原本我心里有个预设，想着他们要是不想写，让班干部上去带头写一个，没想到他们各自都很积极地拿起粉笔写了。小Y把"有时候学习很用功""讲卫生""爱看书""热心帮助"等送给小J。小J也把小Y身上的优点一一地写出来："讲义气""爱劳动""很大方"，等等。我看两个人都写得差不多了，于是对全班同学说："这两位同学还有没有其他优点？如果有，请其他同学上台补充。"班长第一个带头上台，随后其他几个同学也跟着上去写。一整块黑板，被这两个学生的缺点和优点占满了。而且，总体看上去，优点明显多于缺点。我请同学们站起来说说感受，大家都很积极地发言。大家的发言基本上集中表达三层意思：一是人无完人，每个人都有优点和缺点；二是尽管这两个人都是优点多于缺点，但大家都是过于关注别人的缺点，而忽视了别人的优点；三是我们应该学会包容悦纳，当你和别人发生矛盾冲突时，想想他身上的优点，想想自己身上的不足，不要总是觉得别人不爽。

在学生发言之后，我做了归纳小结。我问小Y和小J此时该怎么做，接下去该怎么做。他们不约而同地走上讲台，拥抱在一起。教室里响起了热烈的掌声。随后，两位学生手拉手向全班同学和我这个班主任深深地鞠躬致意。

此时，我让文娱主管播放班级曲库里面的一首歌曲——《兄弟抱一抱》。歌声响起，全班同学起立，齐声高唱，我也跟着唱。

举行这样的微班会，目的首先是智慧化解冲突双方的矛盾。如果只是硬生生地批评教育一顿，也许学生只是迫于班主任的威严，表面上服软认错，彼此的隔阂和矛盾依旧很难真正消除。而我们通过班会课，让矛盾双方在黑板上写对方的优缺点，释放情绪的同时，也让他们对彼此的优缺点有了一次全面深入的认识，对彼此的恶意和反感自然也会慢慢消解。

其次，是把学生个体的问题摆到全班同学面前，即把学生的个人问题融入到班级问题体系中，用班级的力量去帮助解决个体问题。同时，也将学生问题、班级问题转化为班级"课程"，通过个体问题的解决助推班级的发展。在班会课集体讨论中，全班每个人都成了教育者，大家一起想办法协助个体解决问题。同时，大家又是受教育者。所谓"有则改之，无则加勉"，通过班会课，每名学生对类似问题的认知得到纠正或者提高，从而提升了整个班级对此类问题的认知水平。

而班主任、班委、组长和同学真诚的发言和鼓励，包括最后《兄弟抱一抱》音乐的出现，营造了良好的氛围，让每个人感受到班级的温暖和力量。

班级就是一个能量场，它为每一个生命个体的成长发展提供了土壤。班主任也是这个生命场中的一个个体，班主任要做的就是，和每一个生命体一起，为这个能量场不断积蓄能量。

当然，由于是微班会，时间短，只能解决问题的一部分或者一个方面。对于打架事件的预防和应对还有很多方面值得讨论和研究，可以形成一系列的班本德育课程，这就要留到其他时间进行了。

5. "班会变形计" 之班级论坛和"点赞墙"

　　班会课是推进班级发展和学生成长的重要平台，而班级论坛恰恰可以成为班会课的有效补充，或者说是班会课的另一种独特的形式。

　　所谓班级论坛，就是借鉴了网络上论坛贴吧的形式，组织学生针对其中的某个话题进行跟帖讨论。

　　具体来说，我们班级会有学生专门负责班级论坛的管理。班级论坛的载体说来简单，就是一个本子。和班会课一样，班级论坛必须有主题或者话题。话题的确定，是开展跟帖讨论的前提。如何选择并确定话题？作为班会课的另一种形式，话题的选择和确定，必须能促进学生成长和推进班级的发展。讨论的话题主要是最近学校和班级发生的事件或者存在的问题，也可以是社会热点事件等。有时候，班级论坛可以作为班会课的拓展载体，延续班会课的主题和所讨论的话题。

　　学生在进行充分讨论之后，会出现两种情况：第一种是大家莫衷一是，各执己见，对于讨论的话题没有形成共识，这种情况最为常见；第二种是学生通过反复地跟帖、充分地讨论，逐渐形成共识。既然是班会课的形式，在学生为活动主体的前提下，班主任也要适时出现，发挥自己的作用。那么，班主任该如何介入和引导，充分发挥作用呢？对于前面两种情况，班主任都可以有所为，需要有所为。

班级论坛管理 ↘

1. 立下规矩，画出底线。

我们与学生约定，跟帖讨论要遵循一条重要的原则——尊重他人，文明发言。在今天这个时代，人们在网络平台跟帖留言互动十分流行，但确实有不少人在网络上素养不高，随意谩骂、诽谤他人。我们必须引导和教育学生，要讲"网德"，要注意自己的措辞，用文明得体的语言去表达自己的观点，用美好的语言去承载美好的思想。这样做，也是在引导学生在网络生活中注意自己的言语行为。我们有论坛主管即楼主专门负责，及时关注和了解跟帖的进程，如出现不文明不和谐的现象，立即提醒或者强行制止。

2. 参与讨论，适时化解。

作为班主任，要积极参与跟帖讨论，把自己当作其中的一分子，多以普通跟帖者的身份加入，不要以老师的身份居高临下。班主任还可以邀请班级的任课老师加入讨论阵营。这样，有了良好的气氛，学生跟帖讨论的积极性会提高，讨论的质量也就更高。当学生在论坛上各抒己见，智慧碰撞，甚至发生争执时，班主任和任课老师也不要急着以说教者的姿态出现，有交流有碰撞是很正常的，这也是论坛存在的意义和价值。但是，当出现争执过于激烈，甚至出现突破尺度或者不可控的情况时，班主任和任课老师就要适时劝导化解，以免造成不良的后果，或者将一些关键的问题拿到班会课上进行面对面交流讨论。

3. 适度引领，导向深入。

前面讲到，班主任和任课老师要多以学生的身份参与，在论坛上和学生平等对话。但是，教师毕竟是教师。如同在课堂上授课，包括组织班会课一样，教师有时候需要起到引领者的作用，在论坛上留言讨论，不是走过场，流于形式。当学生讨论的话题止于肤浅，或者遇到认知上的瓶颈时，班主任和任课老师要进行适度地引导，通过提问或者激趣等形式有意加深所讨论话题的难度，以此促使学生的思维和认知不断走向深入。

以下为一次班级论坛跟帖交流的实录节选。（内容有部分修改）

楼主：在我们班，一直有一种不好的现象："小团体主义"盛行，很多同学因为热衷于与小团体里的同学交往而孤立其他同学。这也是班主任祁老师接手我们这个班级近一个月来感到最难过最头疼的事之一。那么，对小团体现象，你如何看待？我们该如何消除班级这种不和谐的现象？

1楼：终于抢到了一个沙发。很开心。（画上开心表情包）聊起小团体这个话题，我又很不开心。确实，我们班有好几个所谓的小团体，有些同学平时喜欢拉帮结派。我和祁老师一样，也非常反感这种行为。大家都是同学，何必有这么明显的亲疏之分呢？

2楼：我特别同情那些被孤立的同学。但是，我也不知道，我们班为什么就变成这样了。（画上忧伤的表情包）

3楼：被孤立的同学也要想想自己身上的问题。为什么没人跟你玩？还不是玩不起来！人与人的交往就是讲缘分，道不同不相为谋。我就是不愿意和不喜欢的人多说一句话！

4楼：我不同意楼上的看法。即便人家有一些不合群，我们也不至于去孤立她。一个人之所以感觉别人不太好交往，也许是因为我们没有深入了解，出现了理解偏差。再说，大家都是同一个班级的同学，何必上纲上线，非得要搞孤立？（画上疑惑的表情包）

5楼：我同意4楼的想法。价值观不同，兴趣爱好不一样，我们可以不必黏在一起。但作为同班同学，最起码的礼节和情义还是需要的。谈得来的同学，私底下可以有更深的交情，但在公众场合，我们不能有太明显的区别对待。

6楼：交朋友是一个人的自由，和谁好，不和谁好，别人管不着。没有必要进行道德绑架。我就是不太喜欢班级某些同学的言行和个性，就是不太喜欢和这些同学在一起。大家各玩各的，井水不犯河水，我觉得挺好的，至少没什么错。

7楼：楼上同学的观点看似无懈可击，和同学的亲疏关系，只是个人的情感喜好，是自由的行为，但是，我想说的是，作为一个班级，作为一个团队，尤其是一个优秀的团队，我们需要的是团结，是团队的温暖。我们班之所以在过去的一年里各方面表现不好，尤其是班级参加各项集体比赛的时候，成绩总是很糟糕，我想一个主要的原因就是大家不够团结。

8楼：作为班主任，我也说几句。看到前面大家的留言，我感觉喜忧参半，但喜大于忧，看得出大家都很真诚，说出了自己的心里话。我们开展论坛跟帖，就是为了进行观点的碰撞，最终形成一种积极的舆论导向，让班级各方面变得更好。7楼同学的观点我十分认同。和同学的亲疏关系确实是一个人的自由选择，但是，作为一个班级，一个成熟优秀的团队，我们需要团结，需要温馨和谐的班级氛围。我们可以对一个同学的某些行为持保留意见，兴趣不同的同学也可以少一些交流。但是，我们要学会包容悦纳。别忘了，能分进同一个班级，我们都是有缘之人，我们都是一家人。（画上爱心表情包）

9楼：平时，我这个人比较喜欢独来独往，所以，所谓的小团体，伤不到我。但是，刚才看了7楼同学和班主任的留言，我还是有所触动的。确实，我们班小团体行为太突出了，作为一个集体，真的不够团结，我自己也承认这方面做得不足。今后，我愿意更多地融入班级，少一些独来独往。（画上加油表情包）

10楼：我想我似乎渐渐明白班主任的良苦用心。之所以组织这次论坛讨论，一是为了让全班更加团结；二是让我们在争论碰撞中，懂得悦纳，懂得如何正确地交往。

……

班级已经有班会课了，为什么还要举行班级论坛？它到底有哪些独特的优势呢？

首先，和班会课相比，这种论坛的形式不受时间和地点的限制，可以分批多次进行，课间和其他休息时间皆可以让更多人参与，学生可以在教室里完成留言讨论的任务，也可以将本子带回家，在家里跟帖。而且，学生可以反复参与讨论，发表意见。总之，这样的形式，使得学生的参与度更高，讨论更加充分、自由。

其次，这种形式因为采用的是类似于网络平台跟帖讨论的方式，与今天的青少年的语言表达习惯十分契合，深受学生的喜欢。事实上，从实践情况看，学生普遍对跟帖留言讨论有较高的积极性和热情。

和班级论坛一样，还有一种做法也是班级舆论导向形成的有效形式，那就是"点赞墙"。

"点赞墙" ◥

所谓的"点赞墙"，顾名思义，就是用来为某一个人、某一个团队或者某一种现象、某一种行为公开点赞的教室区域。本书前面也介绍了，我们在教室美化布置时，先系统规划，通盘考虑，留一块地盘作为"点赞墙"。那么，"点赞墙"点赞什么？为什么要点赞？怎么点赞？

先说说第一个问题，"点赞墙"点赞什么。

当班级某一个学生或者一个团队（小组）在某一方面取得了突出的成绩，或者做了什么好事，我们班级策划宣传部相关负责人会将相关信息公布于"点赞墙"上，然后发动全班同学为此人（团队）此事点赞，班主任和任课老师也会积极参与进来。曾经有学生因为在县区及以上级别的运动会上获得佳绩而获得点赞；曾经有学生在考试中取得优异成绩而获得点赞；曾经有学生拾金不昧而获得点赞；也曾经有学生在行为习惯或者学习成绩上有了明显的积极变化或者取得进步而获得点赞。

下面说第二个问题，为什么要点赞。

发动全班师生点赞，是为了传递正能量。表扬鼓励，传递正能量的方式有很多，我们要不拘一格，别出心裁，多元立体地对学生进行表扬鼓励。相对于口头表扬赞美，师生用手写文字并且上墙的形式进行点赞，向全班师生公开，显得更加隆重。我们"点赞墙"的每次点赞活动一般维持在一星期左右。如此，可以使对学生的表扬赞美持续更长的时间。

最后说说怎么点赞。

关于点赞的呈现形式，开始的时候，学生在贴贴纸上写上文字，然后贴到"点赞墙"上，后来不断出现了变化。一方面，考虑到贴贴纸在墙上很难持久，黏性有限，风一吹就掉下来，我们对"点赞墙"的材质进行升级，并准备了大头钉，让学生用大头钉将写好的贴贴纸固定在点赞墙上。另一方面，贴贴纸的花色也在不断更新。很多学生还用上自己裁剪的形式各异的漂亮的卡纸。有些学生擅长画画，会用图文并茂的方式呈现点赞的内容，比如在一段话旁边，再加上一个小爱心或者卡通图画等，感觉特别温暖有趣。如此，便出现了充满创意的"花式点赞"，使得"点赞墙"既有内涵，又有颜值，成为教室一道亮丽的风景。

关于点赞的时间安排，一般分为自由点赞和定向定时点赞两类。自由点赞，就是学生发现班级有什么好人好事等值得点赞的人和事，便随时将用于点赞的贴贴纸贴到点赞墙上。所以在教室里，师生们随时可以看到点赞的内容，随时汲取正能量。定向定时点赞，就是前面第一个问题提到的班级层面统一安排的点赞活动。这两种形式相互补充，更有利于充分发挥这面"点赞墙"的作用。

之所以将班级论坛和"点赞墙"放在一起介绍，是因为两者有很多重合或者同质的地方。点赞其实也属于论坛形式的一个有机组成部分。创建班级论坛，在表达和吸纳间，在观点的碰撞中，排遣不良情绪，明辨是非，提高认识；开辟"点赞墙"，发挥榜样的力量，传递正能量，汲取正能量。以上两种互动交流平台的设置，是班会课的变形模式，也是班会课的有效补充，可以多渠道地更好地促进班级正确舆论和良好风气的形成。

班会变形计，让班会"无处不在"。

6. 高效班级活动中的"五有"

　　活动是最好的德育，开展班级活动，在活动中渗透德育目标，实现德育无痕。有效的班级活动，可以让每一个生命都精彩，使班级成为一个真正的大舞台。

　　作为班主任，我们要与学生、任课老师以及学生家长一起，努力提高活动的有效性，赋予活动更高的附加值，这是开展班级活动需要重点观照的核心问题。有效的班级活动在操作实施方面需要具备五个基本特质，简称"五有"，即有组织、有计划、有方案、有记录、有总结。

有组织 ◥

　　任何一个活动，要想做好，都需要考虑很多方面的细节。班级活动如果由专门的团队专人负责，则会大大提高有效性。所谓"专业的人做专业的事"，所以，在我们班，配备一个副班长专门负责组织管理班级活动。每一项固定的活动都会配置一个常设的组织机构即管理团队，又可以叫项目组或者节目组。每个活动项目的常设组织机构一般都由2~3人组成。例如集体生日会活动的组织机构叫"集体生日会工作组"，个人展示活动中有一个具体的活动项目叫"达人秀"，它的组织机构叫"达人秀节目组"，等等。各项目的组织机构归属分管副班长统一领导。当然，由于班级活动项目较多，人员有限，一般情况下，每一个具体活动项目的组织机构成员可以兼职，即一个学生同时负责好几个项目的组织管理任务。有时候，出于活动实际需要，可以临时增加人手，由分管副班长统一协调。

当然，有些活动是亲子活动，需要家长参与。家委会这边也有专门的活动组织机构。一般的亲子活动都由家委会负责组织实施。根据需要，家委会的活动组织机构可与班级的活动组织机构相关人员进行沟通协调。

有计划 ❭

班级活动随意性太大，完全根据班主任的个人情绪和兴致来组织开展，这是当前班级管理中普遍存在的现象。今天发奖金了，或者家有喜事，或者今天受到某本书中某个专家的某种启发，便在班级宣布：今天举行一次班级活动，大家一起 happy 一下。班级活动可以有随性发挥的时候，但更需要阶段性的计划。班级活动可以是临时生成的，也可以是提前计划好的。两者相结合，才是班级活动最好的呈现方式。因此，我们要对班级活动进行顶层设计和阶段性规划。

在我们班，班级活动会从类别和时间段两个维度进行规划设计。我们带着课程开发的意识去组织开展班级活动，将班级活动分为节日庆祝系列、才艺特长展示系列和校内外实践探究类系列等三大系列。与之相对应，班级的固定活动主要包括：班级每日仪式、个人展示、节日庆典、集体生日会、亲子活动和社会体验活动等六大核心项目。固定活动项目在活动时间安排上会做统一规划。具体的时间安排和活动形式会在后面再做详细介绍。

除固定的活动项目外，我们还会根据实际需要，安排临时性的活动。比如，建党一百周年庆祝活动，可以设计以"永远跟党走"为主题的小组红歌会、诗歌朗诵会和手抄报展览等。

有方案 ❭

活动方案是组织实施班级活动的行动纲要和指南。尽管只是一个班级的活动，但我们力求做到和学校活动一样，在活动组织实施前，先拟订活动方案，确保活动实施的有序性和有效性，提高活动的效能。

活动方案一般由该活动项目的组织机构负责完成。要组织实施重要的班级活动，一般程序是，活动项目的组织机构相关人员拟写初稿，再交由班委会集体讨论，修改完善，最后交给班主任审核，如有必要，可提出指导意见。

如果是由家委会负责的活动，则由家委会拟订方案，交班主任过目。

下面是一次班级活动的方案。

新光七班"拥抱金秋，走进自然"野炊即亲子拓展活动方案

为丰富全班同学的课余生活，增进同学之间和家长之间的相互了解，营造新光七班大家庭和谐融洽的氛围，促进班级更好地发展，经家委会、班委会和班主任老师共同商议决定，新光七班举行第一次野炊即亲子拓展活动。具体安排如下。

一、活动时间

××年×月×日上午×点至下午×点。

二、活动地点

滨海新城。

三、活动内容和形式

本次活动内容丰富，形式多样。共分两大环节：一是分组野炊，二是亲子拓展游戏。游戏项目主要有花式接力赛、你做我猜等，还有个别创意项目暂时保密。

四、活动分组

为便于管理，本次活动实行分组活动、分组管理。班级各学习小组成员组成一组，家长加入孩子所在的小组。由各学习小组组长担任组长，小组长的家长或者班级家委会成员担任副组长，共同负责小组的组织管理。

五、活动分工

组委会主任：班级家委会会长（活动总协调）。

副主任：班级家委会副会长（兼管车辆统计、协调）、班长。

物资采购：家委会采购部。

活动策划：家委会活动部、班级策划宣传部。

信息报道：家委会宣传部、班级策划宣传部。

六、活动准备

1.家委会负责横幅定制、车辆安排和游戏道具采购等。

2.家委会负责拟定整个活动的流程，确定活动的主持人。

3.各小组商议好野炊烹饪的食物种类，做好人员分工，并提前准备好食材和野炊用的炊具、餐具、柴火等。

七、其他注意事项

1.本着勤俭节约的原则，各小组在采购食材时要注意控制数量，不要铺张浪费。

2.全体参与活动的人员务必提高安全意识。随行的家长中至少安排两人负责组内人员安全。

3.具体集合时间和地点在活动举行几天前再另行通知。

新光七班家委会

新光七班班委会

××年×月×日

有记录 ◥

为了让活动留下更多的痕迹，并将此作为班级发展的重要档案材料，我们一般要求对班级的重要活动及时进行记录，以构成班级活动课程教材的重要组成部分。这项任务，我们会由班级策划宣传部牵头，落实专人负责。

随着信息技术的发展，新的社交平台的出现，班级活动记录的形式越来越多元化。我们充分利用最新的技术和平台，由最先的图文电子版，不断演变、创新，截至目前，我们的记录形式已经发展成静态文稿、美篇和视频短片等多种形式，并在"班级文化墙"、班刊和微信公众号等平台上立体式推送展示。

有总结 ◥

　　一个完整的活动项目，还需要有总结材料。活动总结是对活动组织实施过程中出现的问题以及可以推广的成功经验进行及时地分析归结，以构成班级活动资源库的重要组成部分，为下一次活动或者其他项目的活动组织实施提供重要经验。

　　活动总结有时候会包含在前面讲到的活动记录材料中，有时候也可单独成文。

7. 班级活动，
任课教师全面参与

任课教师是班级发展共同体的重要组成部分，在班级发展中具有不可替代的重要作用。作为班主任，如何让班级任课教师的价值最大化？我们可以请任课教师参与对特殊学生的管理和教育（我们班把它命名为"春风化雨"行动）。除此之外，班主任还可以搭建平台，创设机会，请任课教师参与到班级活动中。

任课教师参与班级活动有哪些意义？

首先，让任课教师有一种强烈的集体归属感。

有一种普遍现象，在很多班级里，我们看到任课教师仅仅是给所任教的班级上好某一门课，仅仅是为了完成教学任务。至于教学之外的事务，包括班级活动，他们参与甚少。似乎班级活动就是班主任和学生的事，最多在活动的时候，每位任课教师会得到一份人人共享的食物。如此，任课教师的归属感和存在感明显不足。积极搭建平台，创设机会，让任课教师全面参与班级活动，使他们更多更好地融入班级，从而对班集体产生更深厚的感情，更强烈的集体归属感，充分发挥其在教学任务之外的教育价值，这对于班级的整体发展和学科教学效果的提升都有积极的意义。

其次，充分发挥任课教师的作用，有利于班级活动的开展。

每个任课教师身上其实或多或少都有学科教学之外的兴趣和特长，这些对于班级活动的开展是十分宝贵的资源。比如，班级举行联欢活动，歌舞类等节目就可以请这方面有一技之长的任课教师做导演或者艺术指导。

很多时候，班级活动会直接用到任课教师的学科知识和技能。比如，"班级小讲堂"的历史知识微讲座，历史老师的专业知识就可以直接助力。

任课教师可以参加哪些班级活动？可以在活动中扮演哪些角色？

担任表演者，成为活动的主角 ↘

在班级活动中，很多时候，任课教师可以担任表演嘉宾或者主讲嘉宾，成为活动的主角。比如，我们可以邀请任课教师走上"班级小讲堂"，为全班学生分享知识。老师们可以利用专业特长，挑选一个学生感兴趣的话题，做专题微讲座。比如，历史老师做历史专题讲座，政治老师解读社会热点事件，科学老师讲解日常生活中容易被人忽视的科学原理……这些专题分享也是对课堂教学的有效拓展和补充。

再比如，节日庆典中，可以请任课教师表演节目。事实上，任课教师的节目往往是最受关注、最能掀起高潮的节目。节目的形式可以是任课教师单独表演，也可以是几位任课教师一起表演，还可以是任课教师和学生一起合作表演。在我们班级里，我们曾经欣赏到任课教师的乐器演奏、唱歌和舞蹈等精彩的节目，很多表演已经成为班级永恒的回忆。

担任指导老师，做幕后英雄 ↘

在班级活动中，任课教师可以做幕后英雄，担任学生的导师。比如，班级辩论比赛，可以请这方面有专长的老师担任其中一方的导师，甚至可以是正反双方各请一位任课教师当导师，导师和导师斗智斗勇，两两 PK，极大地活跃了比赛的气氛。"班级小讲堂"，可以请任课教师进行专业指导，他们是免费的导师，而且就在身边，随时可以去请教。我们有学生登上"班级小讲堂"，进行历史专题分享前，曾经请教过历史老师；我们也有学生要参加班级联欢活动，在登台表演前，曾经请教过音乐老师或者这方面有专长的其他学科的任课教师。

受到任课教师面对面的专业指导，学生上台分享展示时就会更加从容，效果更好。

担任评委或者颁奖嘉宾 ◥

很多班级活动，任课教师都可以担任评委或者颁奖嘉宾。比如，书画比赛、演讲比赛、辩论赛等，任课教师可以担任评委，对比赛进行点评。在"双人物"颁奖典礼等活动现场，任课教师还可以担任颁奖嘉宾，给学生颁奖。接过任课教师手中的证书和奖品，学生往往会特别激动、感动和珍惜。

充当一名纯粹的"观众" ◥

有些班级活动完全由学生唱主角，班主任和任课教师只须出席捧场，只须负责欣赏，其他什么都不需要做。这种场景下，邀请任课教师做一名班级活动中纯粹的"观众"或者"听众"，就是让任课教师产生一种归属感和存在感，让他们明确地感受到自己是这个班级中的一员。

根据我这么多年的带班实践经验，我深深地感受到每一届任课教师团队都是一个聚宝盆。老师们大多身怀绝技，多才多艺。无数实践证明，任课教师的参与助力，会明显提升班级活动的成效和品质。

8. 节日庆典，
多元赋能

生活需要有仪式感。每逢重要的节日，都是让班级充满仪式感的重要契机。因此，节日庆祝活动是班级活动的重要组成部分。

举行节日庆祝活动有多方面的意义：一是通过庆祝活动，可以了解节日本身所蕴含的文化内涵，陶冶学生的思想情操；二是通过庆祝活动，可以营造良好的班级氛围，增强凝聚力；三是搭建了丰富多彩的活动平台，发挥和展示了学生的兴趣特长。

经过多年的班级管理实践，我所带的班级基本形成了相对成熟而固定的各类节日庆祝活动模式。当然，我也会根据班级实际情况和时代的发展，不断创新和变换。下面对几个主要的节日庆祝活动做简要介绍。

"三八"妇女节 ◥

主要活动形式：诗歌创作 + 诗歌朗诵会。

我是语文老师，在当班主任的时候，在很多方面有优势。比如，我们可以有很多机会让学生写诗读诗。当然，我也看到很多非语文老师的班主任，也很喜欢诗歌，很喜欢将诗歌带进班级，有的甚至比语文老师更有诗意。

充分利用诗歌的魅力，举行"献给永远的女神——'三八'妇女节诗歌朗诵会"，这是我所带的班级在"三八"妇女节时，出现频率最高的活动样式。我们先组织学生以献给生命中永远不变的女神——伟大的母亲（也可以是对自己成长影响很大的外婆、奶奶、阿姨等女性长辈）为主题，写一首诗歌或者三行情书（三行情书这种形式最近几年在我们班比较流行）。然后，学习借鉴《朗读者》《为你读诗》等热门节目的形式，开展诗歌朗诵活动。学生们精心准备，深情朗诵，用诗意的语言和饱满的情感去表达对"女神"们节日的祝福和真诚的感激。我们还会在家长微信群对活动进行现场直播，让伟大的妈妈们或者外婆、奶奶们真切地感受到来自孩子的心声。

以下是两位学生写的三行情书。

我溺入你柔似月光的眸里
一起看星光点点　流水清清
然后，呢喃一声：我爱你
　　　　　　　　——致外婆

您做的面包
有些硬
但我还是狼吐虎咽吃了个干净
　　　　　　　　——致母亲

端午节 ◥

主要活动形式：端午诗会—包粽子—端午节知识竞赛—端午节主题画报。

弘扬传统文化，增强民族自豪感，是学校教育的重要任务之一。对于端午节这样的传统节日，我们自然要在节日的文化意义上做足文章。以上四种活动，我们都在端午节的时候举办过。

端午诗会的形式和要求与前面的"三八"妇女节诗会相似，这里不再赘述。

包粽子吃粽子是端午节的传统活动。有时候，家委会在端午节安排几位爱心妈妈带着已经调制好的馅儿以及用于包粽子的粽叶、线等材料来到教室，和学生们一起包粽子。一般我们会以分组 PK 的形式，以此进一步增强活动的趣味性。爱心妈妈们会根据外形、牢固程度等各方面的权重指标，对各组包好的粽子进行打分，评选出优胜小组和"最美粽子"。等粽子包好后，爱心妈妈马上会搬运到附近的班级爱心厨房煮熟，然后在学生放学前再运回教室，分给每一个学生；或者学生将自己包的生粽子直接带回家，让爸爸妈妈煮。举行这样的活动，是将传统文化教育和劳动教育融合在一起，如此，活动的意义和价值便会提升。

端午节知识竞赛主要是将关于端午节的相关知识组合成选择题、是非题和问答题等，甚至会融入情景表演来出题，以此增强活动的趣味性。

端午节主题画报就是以端午节为主题，学生自由创作一张画报，它可以是油画，可以是水墨画，可以是素描，也可以是漫画。学生以绘画的形式更深入地了解传统文化知识，领悟传统文化的内涵。然后，我们会择优在"教室文化墙"、班报和微信公众号上进行分享展示。这类活动参与门槛低，现在的孩子大多画功不错，因此，也是普及性和受欢迎程度极高的活动之一。

教师节 ❧

主要活动形式：制作个性贺卡—写给老师的三行情书—为老师画像。

对学生而言，教师节是非常重要的一个节日。我们要求学生本着勤俭节约的原则，花最少的钱或者不花钱，给自己敬爱的老师制作一张个性化贺卡，写上一句或者一段祝福的话。

教师节给老师写三行情书，是我最近几年所带的班级经常做的一件事。学生们用自己喜欢的语言风格写下温暖而动情的三行情书。我们鼓励学生将三行情书写在贺卡或者精致的信笺上，送给老师。这样的活动充满一份浪漫的诗意。

以下是一个学生教师节送给老师的三行情书。

> 冰冷的数字图形化为一个个跳动的小生命，
> 严谨的公式定理包含着一段段有趣的故事，
> 在你的课堂上，数学世界总是洋溢着别样的诗意。
>
> ——致数学老师

教师节的时候，我们还曾经举行过为老师画像的活动。学生用画笔将自己心目中的老师形象进行艺术化的创造，或严肃，或俏皮，或用油画，或用素描，甚至用漫画。因为融入了学生的真实情感，在他们的笔下，老师们的形象多了一种独特的味道。教师节收到学生们为自己画的画像，这应该是值得珍藏的一份礼物。

国庆节 ◥

主要活动形式：国庆诗会—献给祖国的三行情书。

国庆节是对学生进行爱国主义教育的绝佳时机。我们曾经多次组织学生进行国庆节诗歌朗诵会。从古至今，关于爱国的诗篇数不胜数，我们允许学生们自由组合选取最喜欢的诗歌进行朗诵。具体的活动要求与前面的诗会类似。

"献给祖国的三行情书"活动要求与写给老师的三行情书类似，这里也不再重复。

以下是一个学生献给祖国的三行情书。

最爱操场上空那一抹鲜红迎风飘扬

她是我心中永远的灯塔

和前行的力量

——致祖国

中秋节 ◥

主要活动形式：制作月饼公益行动—中秋联欢会—中秋诗会—中秋画报。

中秋节，吃月饼。大概是从十几年前开始，每逢中秋，我都有一个规定动作——自己掏钱给全班所有学生每人买一块月饼，从好多年前的五毛钱一块，到后来的五元钱一块，从未中断。最近几年，我改变了思路，我们举行现场制作月饼活动。考虑到时间等因素，我们一般会组织制作相对比较简单而口味又不错的冰皮月饼。再后来，我想要不断为活动赋能，提升活动的附加值。于是，经过和家委会及班委会商量，我们决定将月饼制作活动与公益活动融合在一起，即将学生亲手制作的月饼留一部分，拿到附近的建筑工地，送给那些建筑工人，或者拿到附近的敬老院，送给那些老人，以此传递爱心。具体活动方式和内容，详见下面的一次活动记录。

晓阳 3 班 2019 中秋节月饼制作 & 公益行动

今天，对于我们晓阳 3 班来说，是一个特别有意义的日子。

过几天就是一年一度的中秋节了。老祁在前天向我们宣布，为了弘扬传统文化，培养同学们的动手能力，我们将举行中秋节月饼制作活动。这是一个令人欢欣鼓舞的消息。要知道，我们之前的中秋节都是在班里分吃班主任或者家委会出钱买的月饼。而这次是动手制作月饼，实在令人期待！

好日子终于来了。月饼制作活动定在今天下午第三节班会课。而第二节是信息课，我们全班同学都要到机房去上课。这正好给班级家委会和祁老师提前做好相关准备工作提供了充分的时间和空间！

等我们回到教室时，教室早已变成一个月饼制作坊。家委会的几位妈妈已经将桌子拼凑成几张大桌子，铺上了漂亮的桌布，桌上摆好了制作月饼用的材料。

上课铃声响了。老祁简单地介绍了活动的相关注意事项，宣布活动开始。同学们迫不及待地投入工作。考虑到活动时间有限，这次我们做的是难度相对较小的冰皮月饼。我们在家长的指导下开始制作月饼。没过多久，各小组先后传来了喜讯：一个个冰皮月饼新鲜出炉！有的同学忍不住偷偷拿了一块"先尝为快"。各小组用完所有食材，做好所有冰皮月饼后，就到了集中展示的阶段。各组同学发挥各自的聪明才智，摆出了各种有创意的造型：爱心形、"中"字形、圆月形……五花八门，意趣盎然。老祁和家委会的妈妈们纷纷拿出手机拍下这些精致的造型。接着，就是分吃月饼大快朵颐的狂欢时刻。大家一边吃着亲手做的月饼，一边有说有笑，气氛热烈而和谐。

放学后，几位同学在几位家长的带领下，带着刚才大家亲手做的月饼（特意留下的），还有矿泉水，来到附近的运河中央公园建筑工地，开展送温暖献爱心公益活动。同学们亲手将月饼和矿泉水送到迎上前来的建筑工人。随后，同学们和工人叔叔们在工地前面的空地上，亲切地合影留念。每逢佳节倍思亲，这些建筑工人中的很多人是独自一人在这个城市打拼，没有亲人陪自己过节，我们送上的这份问候，多少也给他们一点慰藉。

第二天，老祁在教室的大屏幕上播放了公益活动现场的部分照片。我们看到穿着沾满尘土工装的工人叔叔们伸出双手，去接月饼和矿泉水时，脸上露出了质朴、憨厚而幸福的表情——这些珍贵的照片，完全可以拿去参加国际摄影大赛；我们看到了代表班级参加活动的同学们在工地前的空地上行走时，那矫健的身姿，那纯朴的表情；我们还看到了我们新出炉的班旗在工地前的空地上迎风飘扬……我们不禁心生感动。

这是一次多么有趣而有意义的中秋节活动！这样的活动将会永远定格在我们的记忆深处。

除了以上制作月饼活动外，中秋节还可以举行联欢会，可以歌舞为主，充分凸显中秋主题。中秋节也可以举行中秋诗会。与中秋节有关的诗歌数量非常庞大，由学生以个人或者小组的形式朗诵诗歌，也不失为过节的理想方式。当然还可以举行中秋主题画报制作活动，此活动的形式和方法与端午节主题画报相似。由学生融合中秋节有关的图文资料，结合自己的理解，用自己喜欢的风格制作画报，这又是另一种过节的选择。

从以上活动可以得知，有些主题活动可以形成系列活动，即分几个具体项目，或者把不同形式的活动融合在一起。这样活动内容更丰富，主题更加突出。比如，中秋节主题活动，可以联欢会为主要载体，在联欢会上，设置月饼制作环节。现场制作月饼，现场展示，现场评比，现场品尝。而中秋诗会的元素更容易融合到联欢会活动中。在联欢会上朗诵中秋诗歌，这是十分自然的事。

元旦和春节（二选一）◥

主要活动形式：联欢会。

元旦和春节都是一年中非常重要的节日。但是，因为两个节日之间间隔时间较短，可以根据实际情况，选择其中一个节日作为重点，开展庆祝活动。

都是庆祝新年的到来，两个节日庆祝活动的内容和形式基本相似，一般采取联欢会的形式。

因为联欢会属于综合性较强的活动，需要做的事情很多。我们特别需要充分体现"五有"活动特质，认真对待，分工合作，精心准备。

联欢会是一种综合性的展示活动，这种形式有其独特的优势，那就是节目形式丰富多元，可以充分展示学生各方面的才艺特长，让更多的学生有机会登台表演，站在舞台的中央。确实没有这方面兴趣和特长的，可以安排担任活动的工作人员，哪怕是端茶送水，跑跑龙套。这样大型的活动，尽量不要让任何一个学生缺席。

以下是班级其中一年春节联欢会的节目单。

"温暖 2019　追梦 2020" 春节联欢会节目单

主持人：X 同学　T 同学

1. 开场歌曲《下山》

表演者：Y 同学等

2. 家委会会长新春致辞

3. 相声《元旦》

表演者：S 同学　G 同学

4. 歌曲《下坠》

表演者：Z 同学　H 同学

5. 抖空竹

表演者：L 同学

6. 2019 年无敌歌曲大串烧

表演者：全能卷王战队

7. 魔术

表演者：L 同学　Z 同学

8.单口相声《狗的不同》

表演者：X 同学

9.颁布首批学习小导师名单暨师徒结对仪式

第一轮抽奖

10.歌曲《成都》

表演者：H 同学等

11.小品《年兽》

表演者：X 战队　Z 战队

12.歌曲《你的酒馆对我打了烊》

表演者：Q 战队

第二轮抽奖

13.合唱

表演者：L 老师　Q 老师

14.大合唱《恭喜恭喜》

9. 集体生日会，来自更多人的祝福

　　我们的集体生日会每月一次，选定一个时间，为当月生日的所有学生集体过生日。它是我们班级最重要的集体活动之一，是大家期待的全班狂欢。集体生日会不是新鲜事物，是当下很多班主任都乐意去组织的活动。那么，如何让集体生日会办得更有趣更有意义？如何给集体生日会赋能，促进学生的个体成长和班级的发展？这是要花点儿心思、动点儿脑筋的事。需要精心准备，认真组织，实现多点赋能，赋予集体生日会更多的附加值。我们集体生日会的一般程序如下。

主持人开场白 ◥

　　我们的班级主持人团队会安排主持人轮流主持。我们要求主持人每一次都要提前认真准备，熟悉活动的各个环节，尤其是要了解每一个寿星的相关情况，并拟写好主持稿。主持人每一次不一样的开场白，还有各个环节间的串词能营造良好的活动氛围，也是活动能够顺利进行的重要因素之一。

播放家长制作（或寿星一起参与制作）的 PPT 或者短视频 ◥

　　这是一个特别令人期待的环节。一般情况下，新班组建第一年的集体生日会，PPT 和短视频会以图（视频）配文字的形式介绍寿星的过往经历和风采。当大屏幕上播放寿星出生后的各个阶段的生活照（短视频）时，全班同学都会非常兴奋。遇到有趣的画面，学生们更是欢呼雀跃。而到了第二年，我们会在这个环节的内容上进行更新变换。PPT 或者短视频的内容，主要是分享展示寿星最近一年来的成长轨迹。有的家长会截取孩子最近一年来学习生活的某一个特殊场景，进行创意设计，给大家留下深刻的印象。

PPT 或者视频的最后，一般都由家长给孩子送上深情的祝福，此时，欢悦的气氛会暂时凝固，取而代之的是感动甚至热泪盈眶。

设置这个环节是为了活跃气氛，更重要的是为了展示寿星的风采。PPT 或者短视频展示的都是寿星光彩的一面，在全班这么多师生面前集中展示，这是属于寿星的高光时刻，对于提升学生的自我价值认同感是十分有效的。

好朋友送祝福、"送赞美"、送礼物　❯

在这个环节里，主持人会邀请寿星的好朋友上台向寿星表达祝福，在这么重要的日子里，得到好朋友真诚的祝福自然是十分重要的事。送祝福之前，有些好朋友还会先开启"点赞"模式，夸一夸寿星，说一说寿星不为人知的小秘密、小优点。在夸赞和表达祝福之意后，好朋友还会赠送提前准备的礼物给寿星。

班主任和任课老师送祝福、送礼物　❯

在这么重要的场合，作为班主任，不能只是当看客或者退居幕后。班主任会给每一个寿星送上最真诚的祝福，同时给他们送上一份提前准备好的礼物。送什么礼物合适？为了引导全班学生养成勤俭节约的习惯，避免攀比心理的产生，我一般会给学生准备简单而有意义的礼物。比如，给寿星喜欢看的课外书，给寿星定制书签，最多的是给寿星一本写着藏名诗的笔记本，等等。从工作到现在，我已经记不得给学生送过多少本写有藏名诗的笔记本了。可以看出来，学生都很喜欢我送的普通而特殊的笔记本。尽管笔记本不贵，但因为有了我用心创作出来的藏名诗，并亲笔签名，这普通的笔记本便有了不一样的价值。

有时候我们也会邀请任课教师出席活动，给寿星送上祝福，有的老师还会带着礼物过来。

寿星感言 ◥

在自己的生日会上，总要说几句话。有了父母和其他家人，还有好朋友以及老师的祝福，寿星们自然会非常感动，所以在这个环节，我们经常会听到学生平时很少有的特别真诚而动情的话语。

寿星许愿切蛋糕，齐唱《生日快乐歌》 ◥

这个环节自然少不了。蛋糕是由家委会精心准备的。能干而敬业的劳动采购部的家委们总能为大家购买到精美好吃而又经济实惠的蛋糕。有时候，还会准备饮料、水果等。

给生日蛋糕插上蜡烛，寿星们戴着寿星帽，合掌许愿。然后，全班齐唱《生日快乐歌》。

在分吃蛋糕前，主持人都会代表全班师生向家委会的辛苦付出表达由衷的谢意。

全班嗨起来（分吃蛋糕、助兴表演） ◥

最后，到了全班狂欢的环节。全班师生一边分吃着蛋糕和其他美食，一边欣赏由寿星的好朋友们带来的精彩节目。用节目来给好朋友的生日助兴，这是一份特殊的礼物。唱歌、跳舞、表演小魔术、抖空竹、讲笑话……各种小节目五花八门，无须花太多时间精心准备，也无须特别专业，在这个特殊的喜庆的日子里，多一些可以玩的活动，总是好的。

在我这么多年的班主任工作生涯中，和学生们一起组织举办了数十场集体生日会，留下了太多令人感动的瞬间，也给很多学生留下了永远难以忘怀的回忆。这里谨附上其中一位学生对集体生日会的感念之词。

小Y同学集体生日会感想

今天是我这么多年来最开心的一天，因为这是第一次这么多人给我过生日。说句心里话，我很喜欢热闹。但是，以前的生日，我都是在家里和妈妈两个人一起过的，显得有点儿冷清。

当这么多同学给我送上生日的祝福，当班主任给我送上他特意准备的礼物，当全班同学给我唱《生日快乐歌》的时候，我非常激动和感动；而当大屏幕上播放我以前的照片，还有我妈妈送给我的生日祝福的时候，我彻底沦陷了——没想到平时只会跟我说"多吃点""好好读书"的妈妈，今天说出了这么善解人意的话。尽管我知道这次是集体生日会，有三个同学一起过，祝福也不是送给我一个人的，但还是真真切切地感受到大家的真诚和友好。

其实，这段时间我的情绪有点儿低落。妈妈身体不好，工作也不顺利。面对毕业班的压力，我也感觉特别疲惫，一直找不到理想的学习状态。但是，这次贴心的仪式，让我内心产生了一股力量。这股力量来自班主任，来自妈妈，来自班里的好朋友，更来自班级这个大家庭。

我会永远记得今天这个日子。谢谢你们！我爱你们！

举办集体生日会，在生日的时候，寿星们获得现场这么多老师和同学的祝福，还有来自长辈们"隔空"的祝福，幸福加倍，永远难忘，也从中汲取了成长的能量。

10. 班级小讲堂，
真有大名堂

作为班级活动课程中才艺特长板块的重要形式之一，班级小讲堂是为每一个学生准备的。名为小讲堂，实有大名堂。我们通过这个平台、这种形式，让许许多多学生走上讲台，站在教室的中央，去充分展示自己某一方面的才华。

小讲堂，就是以讲述的形式，自选主题和内容，和大家分享自己在某一方面的学习或者研究成果。

小讲堂的小，就是切入口小，讲课时间短，力求做到小而精。我们一般要求每次讲课的时间在 10~15 分钟，最长不超过 30 分钟。

班级小讲堂的实施策略 ◥

1. 完善组织机构。

我们设置了一个组织机构，叫"××小讲堂节目组"，负责班级小讲堂活动的策划组织工作，一般由 2~3 个学生组成。对他们的配置也有讲究，既要有策划能力强的，又要有组织能力强的，这样的团队更有战斗力和执行力。

小讲堂工作组成员需和班主任以及负责的班委一起商议活动的方案，主要包括确定活动的主题、活动的时间和形式要求，还要负责招募和选拔主讲人，统筹安排每个主讲人分享的具体日期，以及其他的相关事务。

2. 加强方法指导。

小讲堂尽管"小"，但也属于学术交流平台，带有一定的专业性。在选题选材的时候，班主任、相关学科的任课教师和家长要做比较专业的指导。讲课的讲稿在学生自主完成之后，还需要交给班主任、相关学科的任课教师或者家长过目，大人们结合自己的经验，提出修改意见，并开展讲课技巧等相关指导，然后学生再进行修改完善，这样讲课的效果才会更好。

3. 有序推进活动。

班级小讲堂需要制订计划，安排相对固定的时间，保证单位时间内班级活动频次的总体平衡。

一般情况下，班级小讲堂每个月一次，每次安排 2~3 个学生主讲。每次活动讲课内容可以是同一个主题或者同一个系列，也可以是同主题不同系列。有时候讲课的内容与最近所学文化课的相关内容相融合。具体可根据班级的实际情况和学生的兴趣爱好进行统筹安排。

4. 充分利用资源。

可邀请家长或者社会上的朋友走进教室，登上小讲堂担任主讲人。我们曾邀请当医生的家长为全班学生进行健康知识讲座，曾邀请做设计师的家长为全班学生做设计方面的讲座，也曾邀请对历史有专业研究的朋友为全班学生做历史方面的讲座，还曾邀请做大数据研究的朋友为全班学生做"日常生活中的大数据"为主题的讲座，等等。

我们还会邀请家长代表来到教室，作为特邀嘉宾聆听班级学生讲课。

我们还会充分利用网络资源，在家长微信群进行现场直播，让更多的家长参与聆听，领略主讲人的风采。家长同步关注学生的讲课现场，这样做对提升学生的自信心和自我价值认同感极为有效。

5. 关注每个孩子。

为了让更多的学生登上小讲堂，成为主讲人，我们班级小讲堂尽可能降低门槛，并且尽可能扩大讲课的内容范围。比如，"跟劣质零食 say good bye"这样知识难度不高的主题讲座，我们就会优先把机会让给那些平时学习成绩比较落后、各方面表现一般的后进生。

班级小讲堂分享的话题和内容 ◥

我们的班级小讲堂主讲人分享的话题和内容主要分为人文系列、科学系列、社政系列和其他系列等。

1. 人文系列主要包括以历史、地理等为主要内容的课程系列。

在我所带的班级中，在班级小讲堂上进行过分享的以历史知识为主要内容的课题有"历史上的'谏臣'""历史上的'才女'""秦始皇"等。

以地理知识为主要内容的课题有"从饮食看欧洲和亚洲文化的差别""中国城市的地标"等。

以文化知识为主要内容的课题有"中国文人的典型代表——苏东坡""豪放词派中的婉约词""流行歌曲有几种风格？""我最喜欢的一部电影"等。

2. 科学系列主要包括物理、化学、生物等自然科学的课程系列。我们班的孩子曾经讲过"废物如何真正被利用？""例谈物理学知识在日常生活中的作用""说说洗漱的那些事儿"等。

3. 社政系列主要以社会热点问题、时政问题为主要讲述内容的课程系列。我们班的孩子曾经讲过"路人跌倒，扶不扶""中国梦和我的梦"等讲座。

4. 其他系列。如"跟劣质零食say good bye""吸烟的危害有多大？"等话题。

小讲堂的设置，为学生的个性化、多元化成长提供了一个广阔的平台，对于拓展学生的知识面，提升学生的资料搜集与整理能力、口头表达能力和思维水平等都起到积极的作用。而且，与其他一般的活动不同，小讲堂的活动，更突出文化性和知识性，活动内涵更深刻。对于正处于成长黄金期的中学生而言，举行这样的活动很有必要，我们需要通过活动给予学生更多精神和文化的养料，这也是活动的附加值之所在。此外，这样的活动也可以激发学生对某一方面学习研究的兴趣，增强学生的自信心。

下面分享我自己写的关于小讲堂的一个班级故事。

小 × 同学开讲了

有一次，小 × 同学走上了小讲堂，向全班同学分享了"秦始皇"专题内容。

她是我推荐上场的。

小×同学平时是一个十分内向的女生，无论是课上还是课下，她都很少与老师、同学主动交流，也很少看到她面有笑容，其实主要不是因为她胆小、腼腆，而是不太愿意与人分享和交流，喜欢一个人做自己喜欢的事。尽管她话不多，但是，我发现她每次讲话条理都很清晰，逻辑性很强。而且，我从家长和同学那里侧面了解到，她很喜欢历史，平时在家里喜欢看历史方面的书。于是，我在想，既然班级有小讲堂，如果能让小×同学登台主讲，展示她在历史方面的阅读和思考的成果，这也许可以作为一个触发点，帮助她重新认识自己与他人的关系，重新认识自我，改变自己人际交往的方式，让她变得更加乐观、开朗一些。

于是，在事先与小×的父母沟通好之后，我向她抛出了橄榄枝，盛情邀请她作为班级小讲堂的主讲人，做一次历史方面的分享。小×似乎被我的真诚和热情感染，犹豫了片刻之后，竟然说"好的"。然后，我和她大致交流了这次讲课的注意事项和选题选材的相关要求。

在大家热烈的掌声中，小×同学登台了。一开始，她依旧是那么"高冷"。但同学们很快被她精彩的讲课内容深深地吸引，被她渊博的知识深深地折服。我注意到，当台下的同学用专注和敬佩的眼神回馈她时，她的眼神里也渐渐流露出一种平日少有的热情和自信。她用不疾不徐的语速、平和而有力的语调，讲述着关于秦始皇的故事，表现出知性女生的一种独特气质。她准备得十分充分，此时的她宛如中央电视台《百家讲坛》的主讲嘉宾。在热烈的掌声中，她自信而略带笑意地走下讲台。

活动结束后，我还特意当着全班同学的面着重表扬了小×。课后，还把她叫到办公室，再次表扬她，鼓励她。我重点表扬她课讲得精彩，还有对历史这么有研究，希望她继续保持对历史知识的兴趣，下次争取再上一次小讲堂。同时，鼓励她平时多和大家交流，多和大家分享自己的想法。她很真诚地点点头。

再后来，小×的爸爸妈妈给我发来微信，很诚恳地感谢我给小×这次机会，说她回家后很高兴，显现出一种平时很少见的热情。他们特别指出，这样的活动对锻炼孩子的魄力、提升孩子的自信心是十分有意义的。

是的，小讲堂就是给每一个学生提供一个展示自己的兴趣特长、分享自己的学习成果、锻炼和提升各方面能力、树立自信的平台。

班级小讲堂，真有大名堂。

11. "达人秀"，
青春的秀场

我们班级的才艺展示活动大多是融入到其他活动的。比如节日庆典，都会安排才艺展示环节，即便是集体生日会，有时候也会有助兴才艺表演。同时，我们还安排了学生才艺集中展示活动，称之为"达人秀"。

设置"达人秀"活动的意义 ❮

1.设置"达人秀"，让更多的学生获得了展示自己才艺特长的机会。

我们定期举行的"达人秀"活动，每期都安排若干名学生登台表演，力求做到人人上场，使"达人秀"成为每个人的秀场。

登上"达人秀"的表演舞台，使学生有机会在这么多人面前充分展示自己的才艺特长。有些学生学习成绩一般甚至很落后，也没有足够的能力在与学习有关的课外拓展活动的舞台上展示分享。而"达人秀"相对于其他活动，比如"班级小讲堂"，门槛更低，那些成绩落后者可以在这个舞台上找到存在感。在表演中获得掌声和喝彩，展示自己的青春风采，表演结束后，还会获得"达人证书"，这些对于提升学生的自信心都有着积极的意义。

2.设置"达人秀"，丰富了学生的生活，增添了校园生活的乐趣。

尽管出台了"双减"政策，但出于各种原因，学生学习压力依然普遍较大，学生平时在校园里学习很辛苦，需要劳逸结合。而"达人秀"活动恰恰可以增添学生们学习生活的乐趣，给他们带来快乐，也可以大大缓解他们的心理压力。

"达人秀"活动的实施策略 ❱

1. 成立节目组。

和其他班级活动一样，"达人秀"也有常设的组织机构，叫作"达人秀节目组"，其功能如同电视节目里的节目组一样。我们会设置1~2名导演，负责对节目进行指导和审核。导演一般由文体部擅长文娱活动的主管担任。同时我们还会安排1~2名负责活动管理协调的工作人员。

有了组织机构，有了专人负责，活动的效能便有了很好的保障。

2. 统筹安排活动形式。

凡事预则立。每学期我们都要制订一份"达人秀"活动计划。然后，根据计划，开学伊始就要招募演员，初步定下每一期活动的表演人员及节目形式。

一期节目既可以是大杂烩，也可以是某一种才艺形式的专场。前者就是一期节目包含了各种才艺形式，比如脱口秀、相声、抖空竹、变魔术、乐器表演等；后者就是一期节目只安排一种才艺形式。比如，我们曾经在"达人秀"的秀场上举行过"小品荟""脱口秀大会""西洋乐器表演专场"以及"民族乐器表演专场"，等等。大杂烩和专场各有各的味道，各有各的热闹。

3. 充分利用资源。

和班级小讲堂一样，我们也会向外借力，充分拓展和利用资源。我们会邀请在某一方面有独特才艺的家长或者朋友来到教室，为全班学生助兴。尤其是家长的参与，使得班级的气氛更加和谐、融洽。我们曾经邀请过家长到班级来表演小提琴演奏、大变魔术等。通过活动，增进了家长和孩子间的了解，也拉近了彼此的距离。

我们也曾经邀请学校的门卫和清洁工走进教室，为学生表演吹笛子、吹口琴，甚至表演单手倒立、霹雳舞等绝技，或者让工友们与学生们同台竞技，令学生们大开眼界。这些平时大家熟悉而又陌生的学校工友的精彩表演，让学生们真正意识到"高手在民间",从而对这些普通劳动者多了一份理解和尊重。这不仅仅是对才艺的欣赏,更是一次价值观的引领,是一次心灵的成长。如此,活动便又多了一份附加值。

4. 面向每一个学生。

我们向每一个学生抛出橄榄枝,甚至有时候特意为几乎没什么明显才艺特长的学生量身定制舞台,叫"一分钟表演秀",比如让学生表演翻一个跟斗、说一个笑话等。而且,节目组会提前做功课,帮助那些平时不太擅长表演的学生进行训练指导,使得他们有更好的表演效果。我所带的班级,基本上达到了三年内让每一个学生都至少登台表演一次的目标。这样的机会对于那些躲在优秀学生背后的人而言是非常有意义和价值的。

从以下学生记录的一个班级故事中,大家可以感受到我们班的"达人秀"是多么精彩而有趣!

一场别开生面的"达人秀"

今天下午班会课,我们又迎来了一场期盼已久的"达人秀"活动。今天的"达人秀"表演惊喜连连、亮点多多,高潮迭起、精彩纷呈,令人终生难忘。

亮点 1：学霸出场，高潮涌现

节目组这次玩得真的有点狠。节目一开始,班里两位公认的"只会埋头苦读"的学霸小 L 同学和小 P 同学先后上场。小 L 同学表演的是流行歌曲大串烧。天哪,站在我们面前的这位真的是小 L 同学吗?她平时课余时间可是除了上厕所和吃饭,基本上都是坐在座位上看书、做作业的乖乖女。谁能想到这些最新流行歌曲,她都会唱,而且唱得那么好听,还进行了巧妙的串联!没等我们平复情绪,班级另一个学霸小 P 同学上台了。只见她手里拿着空竹,未等主持人宣布表演开始,就抢先抖动她手中的空竹。(什么时候小 P 同学这么"皮"了!难道是节目组故意设计的?)空竹在小 P 同学的手中不断地变化动作和造型,一个个高难度的动作,让大家直呼过瘾。此刻,我们彻底"破防"了。

正如后来主持人和班主任在总结的时候说的那样,每个人都有不为人知的隐藏着的"秘密"和"绝活"。原来学霸也可以很疯狂,学霸也很爱玩!从此,我们对那些平日里十分刻苦用功的学霸们多了一点新的理解，多了一份新的尊重。

亮点2：家长倾情助演，又掀高潮

随后，家长上台了。今天参与助演的家长是小W同学的妈妈。她为我们表演了一段精彩的民族舞。那婀娜的身姿、柔情的眼神、轻盈的舞步、娴熟的动作，让大家大饱眼福。我们心目中平时那个严厉的家长形象，瞬间得到了重塑。原来，家长也是很可爱的！

在持续热烈的掌声和欢呼声中，小W同学的妈妈瞬间"圈粉"无数。粉丝中，自然包括那个一边露出腼腆的神情，一边热烈鼓掌的小W同学。

亮点3：神秘嘉宾助演，最后的高潮

节目组今天真是不让我们有喘息的机会。最后，神秘嘉宾，我们学校的门卫大叔出场了！只见他手里拿着一把扫帚，在表演区域的地面上来回扫了几下，我们私底下议论开来：难道这位大叔就这样表演扫地？正在疑惑间，节奏感极强的音乐声突然响了起来，门卫大叔的脚步舞动起来了！原来，这扫帚是表演的道具！扫地、擦玻璃、太空步、左右滑步……简直是舞神附体！（后来我知道，他跳的是他们年轻时非常流行的霹雳舞）现场的所有人都无法控制自己的双手和嘴巴，热烈的掌声和欢呼声几乎把整个教室淹没了。这位平日和蔼而略带几分严肃的门卫大叔，今天却成为大家心中的明星！说实话，平时遇到他，我们都是礼貌性地打个招呼，真没什么特殊的感情和敬意。而今天，我们着实被"圈粉"了。本次活动掀起了最后的高潮！

是呀，真如班主任所说，每个人心中都有自己的春天，都有自己的梦想。也许出于现实原因，梦想很难实现，或者自己所从事的工作与自己的一些兴趣特长并无直接的关联。但是，这并不影响一个人保持对某一样东西的坚守和喜欢。一个人，有一方面的兴趣特长，会让人的生活变得充实，内心世界变得丰盈。从学霸到家长，再到门卫大叔，他们的精彩表演，让我们似乎明白了班主任那番话的意思。

12. 直播带货，带出好货

最近几年，网络直播带货十分火爆。各大电商平台的知名主播通过直播带货，名利双收，成为近年来关注度极高的社会现象。学生中间，也有这些知名主播的大量粉丝。据调查，我们班就有至少一半以上的学生在关注网络直播带货，绝大多数学生对网络直播有一定的了解。我经常听到学生们在班里提到这些知名主播的名字，或者模拟直播的场景，模仿这些知名主播直播时的样子。每当讨论这些话题的时候，学生们都眉飞色舞，趣味盎然。

作为班级学生个性化成长体系中的重要组成部分——个人成长积分制在我们班推行了好多年。按照个人积分制的相关规定，个人成长积分可以用来兑换班级提供的各种奖品。

基于以上情况，我内心便产生了一种想法：我们班也来一个"直播带货"！这样做，一是用积分兑换奖品的时候，以直播带货的方式进行，一定会有不一样的氛围和效果，因为这是大多数学生喜欢的方式，可以活跃班级的气氛；二是通过参与直播活动，引导学生们客观认识主播这个职业，树立正确的价值观，避免盲目地追星，尤其是要纠正做主播就可以轻松赚大钱，就可以一夜暴富的肤浅片面的认识；三是想把直播带货活动作为锻炼学生们的魄力和口才的一种新途径，挖掘培养这方面有天赋和潜力的学生，并将这项活动纳入到我们的班本成长课程体系中（我了解到那些优秀的主播都具备高于常人的能力，卖东西并不简单，里面大有学问）；四是通过直播活动培养学生们对班级事务的组织管理能力和活动策划能力，使学生们既是班本课程的受众，又是班本课程的建设者。

于是，一种全新的尝试开始了。

班主任亲自直播带货，小试牛刀 ◥

为了亲自体验直播带货，为下一步的活动做好铺垫，我决定自己先当一回主播。

有一次课间，我拿着自己前段时间在网上购买的几张很漂亮的名字贴来到教室。没等学生们安静下来，我便模仿网络主播的口吻吆喝起来："同学们，世界上有一种最划算的买卖——用五分积分兑换一大张漂亮的名字贴。开学不久，相信你们每个人都需要它，崭新的本子配上漂亮的名字贴，心动不如行动，赶紧下单吧。"同学们一开始一头雾水，没过一分钟就都明白过来：原来老祁在直播带货！于是，大家都当起了"吃瓜群众"，现场气氛也渐渐活跃起来。因为积分制度才开始实施，同学们总积分都不多，大家心疼积分，舍不得轻易花掉积分，而且我这个主播也只是十八线的水平，所以最后下单成交的不多。但这种直播带货的感觉很美好。

后来，我开始进一步关注各大电商平台的几名知名主播的直播视频，认真研究，向他们取经，我的直播水平日益精进。而且每次直播前，我都先做好充分准备，做足功课，拟好台词，再加上货品也越来越丰富，越对学生们的胃口，比如健康饮料，班级爱心厨房秘制爱心点心等，生意渐渐好了起来。我这个主播也慢慢"红"起来，粉丝越来越多，流量越来越高。

另外，我发现，尽管有时候我的直播带货业绩并不太好，但是，每一次直播过程中的氛围都非常好，有的学生显露出了跃跃欲试的表情。

学生争当主播直播售卖私藏物品，大显身手 ◥

有了前面一段时间愉快的体验之后，我看时机已经成熟，于是一次晨会上，我在班里宣布：本周班会课我们将请同学们担任主播，直播带货！教室里一阵躁动，几个活跃分子立即把手高高举起，争抢第一批主播的名额。

接着，我向学生们提出了直播的具体建议与要求，主要包含以下几个方面。

第一，货品的品种不限。可以是吃的，也可以是文具或者其他小玩意。最好是家里独有的私藏物品。当然，我说的"私藏"，不是指那种传家宝或者价格非常昂贵的东西，可以是学生们以前收到的小礼物，比如空白明信片、书签，去别的地方旅游时购买的纪念品等；也可以是相对比较贵重的东西的一个期限使用权，比如自己舍不得用的一支钢笔的一个月使用权。从家里拿货要坚持两个原则：（1）不是自己的私人物品，如果要带到学校直播售卖，必须经过家长同意；（2）特别贵重的东西不能作为售卖的对象。

第二，要讲究直播的品质，追求直播的效果。每次直播带货前，学生应提前做好充分准备，拟好台词，直播出水平。对所要售卖的货品进行全方位的研究，最好能够挖掘货品背后的故事。我跟学生们说，每个人的个性不一样，直播的风格也会有区别，但是，我们不能单纯地靠网上爆红的某种最简单的重复性的语言去宣传自己的货品。我关注到最近这个阶段，各行各业自带流量的知名人士包括文化名人、央视名嘴也纷纷加入了这个领域，他们的加入，使网络直播带货活动在兼具娱乐性和实用性的同时，多了一个特质：文化性。我说，作为一项班级活动，如果娱乐性、趣味性和知识性、文化性同时具备，那么，活动的附加值便会大大增加。我们要追求更高端更有品位的直播。

第三，直播前，需要进行报备审查。我们成立直播带货组织管理团队，专人负责。我们要对用于直播的货品进行可行性检查，按照前面第一方面的要求，确定该货品具不具备直播售卖的条件，并核定该货品售卖的价格范围（即售卖所获得积分的范围）。与此同时，我在指导方面也加大了力度。直播带货前，我会亲自过问一下主播们的准备工作，尤其是那些新手，需要帮一帮，带一带。同时，我也鼓励那些有经验的直播老手去帮扶新人，发挥自己这方面的长处。

从后来的直播效果看，学生们的准备工作做得都很充分，对直播时台词的要求也普遍较高。而且，他们中的大部分都会在直播前，对着家里的镜子或者家人，先进行试播，不断修改台词，打磨细节。我们也充分调动家长的积极性，鼓励家长适当参与，指导或者帮助学生做好直播前的准备工作。所以，我们很欣喜地看到令人大开眼界的一幕幕：有的小主播在售卖自家美食时，现场开吃，大快朵颐，引得大家口水直流；有的小主播绘声绘色地描述他手中的那个漂亮别致的小风铃；有的小主播在讲述他要售卖的书签的故事时眼含热泪；有的小主播用生动的语言介绍手中"小古玩"的文化价值。经过一段时间的磨炼后，班里涌现出了好几个自带流量的直播红人。

直播售卖自己制作的货品，带出真正的好货　◥

在活动推进的过程中，我一直没有停止思考，希望能不断发掘活动的意义，使它的附加值最大化。我发现，我们最初的活动目标已经基本达成，学生们的能力和魄力都得到了很好的锻炼，直播售卖的货品也已经很丰富，出现了很多好货。但这些好货大多是家里人的，或者别人送给自己的，或者自己掏钱买的。我想，能不能让学生们直播售卖自己制作的东西？这样的货品不是更有意义和价值吗？而且，用自己动手制作的东西去赢取成长积分，不是更加合情合理吗？

于是，我在一次班会上，故意问学生们："我们的直播带货活动到现在为止总体上很顺利，有很多收获，那么下阶段如何让活动向着纵深发展？"学生们开始在底下热烈讨论，经过全班讨论后，直播管理团队的负责人站起来告诉我："老师，我们觉得今后可以直播售卖自己动手制作的东西！"说得真好，果然有默契！我暗自窃喜。班级活动很重要的一个目标任务就是培养学生们的组织策划能力，让学生们成为班本课程的建设者，这个初始的重要目标在这里算是基本达到了。于是，我又让他们继续讨论，定出了用于直播售卖的几种自己动手制作的货品类别，主要有：书法作品、绘画作品、篆刻作品、手工作品，还有美食等。

新一轮的直播活动开始了。这回摆在直播台上，小主播们手中拿的，都是学生们自己的"杰作"。因为是自己亲手制作的，他们对货品更加熟悉，体验也更深，小主播们在直播的过程中，更真诚、更生动、更动情。我印象比较深的一次直播带货是，一个小主播在直播时说，自己制作的这道美食（是一种工序很复杂的甜点），足足准备了半个月。他说，在这个过程中，曾经失败了好几次，但是他屡败屡战。他动情地说，这种美食真的很难做，但自己为什么要坚持做？那是因为他要挑战自我，努力改变自己以往知难而退的心理。他要证明自己是一个强者。所以他的直播台词有一句话令人十分震撼，也成为我们班的一句经典，那就是："世界上最真实最迷人的味道是人生百味。"

因为要直播售卖自己制作的货品，学生们自然更加重视货品的品质。毕竟，"巧妇难为无米之炊"，好的货品是有好的业绩的前提和基础。随着直播带货活动的推进，摆在直播台上的好货越来越多。直播带货，带出了一批真正的好货、"尖货"。

而要获得好的业绩，光有好货还不够，还得有高水平的直播技巧。"酒香也怕巷子深"，货品好，加上口才好，才能卖得好。随着直播带货活动的推进，站在直播台上的直播红人、带货狂人也越来越多。他们的台词越来越讲究，很多学生的直播台词就是一篇精彩的演讲稿，很多学生的一次直播就是一场生动有趣的文化讲座。渐渐地，他们把这里当作分享展示自己才华和创造力的舞台。直播带货，带出了一批优秀的小主播。

后来，有几个小组的学生想到了借鉴市场上的普遍做法，组内同学间合作，组建了直播团队。团队成员根据自己的特长爱好分工合作，有的负责"造货"，即生产；有的负责"卖货"，即销售。作为收益回报，所获得的积分，货品主人和小主播共享。这样一来，既可以充分发挥每个学生的兴趣特长，又可以体现团队的价值，个人能力和协作能力都得到了很好的锻炼和发挥。这又是学生们参与班本课程建设的具体体现。

综上所述，直播带货这一全新的活动，可以激发学生多方面的兴趣，促进学生多元发展，是推进学生个性化成长的一种无形的力量。

至此，活动的附加值在原来的基础上得到了质的提升。

在家长群现场直播带货，吸引更多人关注和参与 ◥

在直播带货活动逐渐走向成熟之后，我又开始进一步思考。我想到了我们班惯用的策略：班级活动在家长微信群现场直播。那么，像直播带货这么有意思有意义的活动为什么不在家长微信群进行直播呢？在征求全班同学的意见并获得赞成和支持之后，我们决定以后每一场直播带货活动都在家长微信群进行视频直播。

到了直播带货的时刻，全班数十位家长纷纷按时上线围观，参与的人更多，场面更加热闹。作为主角的学生们深知，多了全班家长的关注和参与，应对直播各个细节的要求更高，包括货品的质量、直播的水平。大家都纷纷表示，可不能在这么多家长面前"翻车"！这又像一股神奇的力量在学生们的背后推了一把。

家长们通过参与直播，更多地了解了班级的这项活动，他们自然会更加主动而有针对性地为活动助力，这对直播品质的提升起到了积极的作用。这又是新增加的活动附加值。

我们班的直播带货活动还在继续。在活动推进的过程中，我们循序渐进，达成了一个又一个初始的目标。活动的推进是动态发展的，在这个过程中，我们需要不断调整预设的目标和策略，顺势而为，这样，我们往往会有更多的收获，甚至意外的惊喜。作为班主任，作为班级活动的策划者和指导者，我们要做的就是想方设法不断地为活动赋能。

13. 线上抗疫活动"五连弹"，全家总动员

在 2020 年新冠肺炎疫情肆虐之际，全班学生在家里度过了一个漫长而特殊的寒假。意外有时候不可避免，那么在意外来临时，如何引导全班学生去面对意外？长时间"宅家"，难免会产生无聊抑郁、烦躁不安等不良情绪，如何去调整学生的心理状态？如何让这个特殊的超长寒假生活过得更加充实而有意义？这些是值得班主任思考的重要问题。

此时，我想到两个重要的德育理念：生活德育和体验式德育。有研究者认为，从方法上来说，生活德育关键是要体现人的主体性，要赋予道德以生命，必须使它们转化为个体性的认识和态度，而只有在生活实践中，才能实现这一根本性的转化。在全人类面临新冠肺炎疫情危险和考验的当下，通过组织安排适切的班级活动，让学生融入到社会生活情境中，充分体验生活，唤起学生对个体生命和生活的思考，以及对当下国家和人类命运的关注等社会公民意识，这样的德育活动才是回归教育的本真：关注人和人的生活。

基于以上思考，我想到了最合适的方式：举行"宅家"主题教育活动。

因为活动都是在家里举行，我把活动定位为亲子活动，即家校协同主题教育活动，所以我首先想到的是充分调动家委会和全班家长的积极性。我和家委会成员一起在线上举行视频会议，把自己的大致想法和粗略的意见摆出来，请家委会讨论。经过充分讨论，我们定下了活动的主题和初步的框架。然后，家

委会宣传部负责拟写活动方案初稿。接着，我们再次召开线上会议。我和家委会成员对初稿进行讨论，最后形成正式的方案，并通过微信群，向全班学生及其家长发布。

以下是由家委会制订的活动实施方案。

晓阳 3 班 2020 年寒假"抗击疫情，从我做起"
家校协同主题教育活动实施方案（部分）

面对突如其来的疫情，消极躲避一定不是最好的选择，乐观向上，传递能量，才是该有的姿态。晓阳 3 班这个团队经过一学期的运行，教师和家长形成了密不可分的发展共同体，在家校合作方面开展了有益的尝试，积累了丰富的经验，取得了良好的成效。面对这次特殊的超长寒假，班级家委会和班主任充分商议后，决定在原定寒假家校协作活动计划的基础上，进行调整和补充，在全班范围内开展"抗击病疫，从我做起"家校协同主题教育活动，以实际行动参与这场全民战"疫"。

活动时间：2020 年 1 月底至 2020 年 3 月初。

活动方式：分宅家战"疫"之运动篇、宅家战"疫"之劳动篇、宅家战"疫"之绘画篇、宅家战"疫"之爱心（公益）篇和宅家战"疫"之对话篇等五个篇章，即五个方面开展活动。五项活动同步进行。每个星期侧重于一个主题，在家长微信群进行集中汇报展示。

活动任务分工：1. 家委会活动部负责活动策划组织。2. 家委会宣传部负责活动信息报道（美篇制作）。

大关实验中学晓阳 3 班家委会

2020 年 1 月 25 日

根据班级活动的一般操作策略，为更好地推广和分享活动成果，我们班级家委会的宣传部将五次主题教育活动都做了美篇，进行展示分享。以下是晓阳 3 班本次主题教育活动之运动篇的美篇（这里仅呈现文字，图片略）。

2020 年寒假，一个漫长的寒假……新冠肺炎疫情肆虐着中华大地，武汉封城，一个个逆流而上的白衣天使，一个个平凡的血肉之躯，默默守护着千千万万的生命。我们明白，坚守家就是坚守胜利的阵地，就是一起抗击疫情。我们相信春天总会到来，黑暗的尽头就是光明。晓阳3班同学动起来，强身健体，祈祷"战疫"早日胜利。

班主任祁老师曾对我们所有家长和同学说：

疫情困住了我们的活动范围，却不能困住我们前进的步伐。没有了欢腾的体育课，没有了清晨校园的晨跑，在家的日子里，我们一定要利用好时间，在每天学习之余要抽出时间锻炼身体。初中的学习比较繁忙，分数的差距有时候也是身体素质的差距。学校也提出运动打卡，我们晓阳3班要以多元化的形式，动起来。方寸之间，大显身手！

我们努力做到以下几点：

坚持——学会不轻易放弃；

安全——循序渐进，量力而行；

互动——亲子时光，倍感温暖；

创意——花样运动，乐趣无穷。

同学们，相信这段时间我们通过手机、电脑、电视等媒介一次次地和钟南山这个名字相遇。没错，83岁钟南山爷爷的话一次次出现在新闻里，他每一句平实的话语都令我们敬佩和感动。在这场没有硝烟的战争中很多人倒下了，这样一位83岁的爷爷一次次逆行武汉，面容虽然憔悴，但是身体依然如大山一般屹立。他说："锻炼就像吃饭，是生活的一部分。"他说的即是他做的，所以在83岁这个年纪依然跑在"战疫"前面！

作为学生，当前的我们无法为抗疫做什么大事、帮什么大忙，但是我们可以一起向钟南山爷爷学习，每日运动，练强身体，练出毅力，培养面对困难不放弃，超越自我的精神特质。回顾那些伟大的人物，他们很多人都有一个共同点——热爱运动。比如伟大领袖毛主席晚年还横渡长江，俄罗斯总统普京运动水平可以和专业选手媲美。

"免疫力是最好的医生！"

好的免疫力需要合理的饮食，需要良好的生活习惯和长期坚持的运动习

惯！来吧，一起看我们班居家亲子运动花絮。（图片略）

哇哦！这么专业的动作也只有瑜伽教练L妈妈来完成了，身轻如燕才可以哦！爸爸妈妈们切勿轻易模仿。

小时候妈妈拉着你的手，陪你长大，学会坚强！

长大后你拉着妈妈的手，带她一起运动更健康！

G同学和G妈的亲子运动，简直是教科书级别的，太专业啦！

Z同学有妹妹加入的运动时光瞬间让人萌化啦！

L同学带着妈妈和奶奶一起运动，三代人有一个共同的心声："武汉加油！武汉加油！"

未来你们会是谁呢？医护工作者，教育工作者，创业者……不管你将来会做什么，都离不开健康的身体，让运动成为我们的常态！有行动，有未来！

没有跳舞细胞的你被妈妈"逼"着跳起来，虽然看起来像广播操，爸爸跳起来也挺可爱的嘛！

若干年后想起曾经和爸爸的这次俯卧撑PK会不会让你顿时产生力量？

看这小视频，发现原来小弟弟才是你最早的粉丝、最铁的队友。

C同学说："疫情宅家每天依然要小跑10分钟，这10分钟不仅锻炼了身体，更是增进家庭成员感情的时光！"

晓阳班全体家长和学生一起发出呼吁：防疫宅在家，运动不打烊！

文字编辑&美篇制作：大关实验中学晓阳3班家委会宣传部

疫情终究会结束，但是在当下的时代环境下，充分运用信息技术和各种多媒体资源，开展班级线上主题活动，应该是一种教育的常态。

14. 综合性主题教育活动

一般性的班级活动，大多是任务相对单一、形式相对单一的活动。我们可以根据需要，设计开展综合性的主题教育活动。

所谓综合性，就是融合多种活动形式；所谓主题教育，就是每次活动确定一个教育主题。综合性主题教育活动就是在同一个主题的框架下，运用多种形式开展活动，以期达到预定的教育目标。

下面以"让亲子关系更美好"主题教育活动为例，具体介绍综合性主题教育活动的实施策略和范式。

举行本次主题教育活动的背景和目标 ◥

到了八年级，从总体上看，产生叛逆心理的学生人数、比例明显升高，亲子关系面临着严峻的考验。为使青春期的学生形成正确的自我认知，改善亲子关系，本班特举行"让亲子关系更美好"主题教育活动。

主题教育活动的总体策略 ◥

融入主题班会、为父母画像、为父母制作画册（小视频）、父母与孩子相互交流等多种活动形式，通过全方位立体式的体验交流，利用一周左右的时间，进行主题教育活动，以期构建健康美好的亲子关系，从而达到活动的目标。

主题教育活动的过程 ↘

1. 举行主题班会。

举行主题班会是整个主题教育活动的第一步，也是为下面的活动奠定基调，打好基础。主题班会主要安排这样几个环节。

（1）谈谈目前自己与父母的关系。

（2）讨论分析与父母关系发生变化的原因，重点讨论青春期的亲子冲突。

（3）思考讨论青春期的学生如何改善亲子关系：自己需要怎么做？希望父母怎么做？

（4）布置后续活动任务。

通过主题班会把话题打开，形成群体的基本认知。但是，一定会有一部分学生无法改变其固有认知。对于个体问题，需要通过后续的活动，甚至需要更长的时间慢慢地沟通、引导和改变。

2. 走近父母，为父母画像。

主题班会结束后，需要完成后续的另一项活动任务：走近父母，为父母画像。

学生要主动走近父母，观察父母生活或工作的细节，为父母画像。可以是一张画，也可以是几张画的组合，即画集；可以是生活场景，也可以是工作场景；可以是这几天亲眼所见，也可以是回忆中以往的场景。

在这个活动环节中，学生们各显神通，精彩纷呈，而且画作的一点一线中融入了情感，令人心生感动。学生们绘画风格和技法不一，有的学生用素描，有的学生用油画，有的学生用漫画；学生们绘画的内容场景也不一样，有的学生画父母下班回家后因为疲惫瘫坐在沙发上，有的学生画父母回家后继续工作的场景，有的学生画父母在厨房里做饭时忙碌而幸福的样子，有的学生画父母指导自己做作业时的场景，当然也有的学生画父母在家里刷手机、看电视时悠然自得的模样（学生说，家长刷手机、看电视也是一天辛苦工作后的适当放松）……

我们挑选部分优秀的画作在班级展示墙上展览，并拍成照片，制作成美篇，在班刊上展示，并分享到家长微信群里。这样做，引发了全班学生和家长们的热烈反响。没有集中展示的画作，我都一一拍照发给家长，让每一位家长感受到孩子的心意。这项活动，使学生们近距离地观察和了解父母，也拉近了与父母的心理距离。

3. 走近父母，为父母制作相册（小视频）。

这项活动与上面的绘画活动是同时进行的。这项活动叫"爸爸（妈妈）的昨天和今天"。我要求学生收集父母的老照片和最近新拍的照片，配上文字，制作成静态画册或者动态的短视频。

在这个环节中，学生们需要通过各种方式收集父母不同时期的照片，旨在通过今昔对比，感受到父母为这个家、为自己所做出的努力甚至某些方面的牺牲。当学生们将父母不同时期的照片收集到一起时，他们就会发现，父母在不断变老；就会发现，父母也曾经年轻过。

在活动中，我发现绝大多数学生都能比较顺利地完成此项任务。少数学生因为收集不到足够多的父母照片（原因有很多，有的父母平时不喜欢拍照片，有的找不到照片了等），陷入"困境"，无法按计划完成任务。这个时候，我们才出示了备选方案：允许无法收集到父母照片的学生，换一项任务，就是偷偷地为父母拍几张照片。我们之所以延时出示备选方案，就是给每一个学生一定的时间努力地去收集照片，不轻易放弃，这也是对父母爱的体现。

与前面的绘画任务一样，我们将学生的优秀作品通过家长微信群等平台进行分享，让家长们感受到孩子们的心意。

4. 与父母谈心，为父母服务。

通过以上的活动，学生对亲子关系的正确认知有了一定的基础，接着我安排学生做一份特殊的家庭作业：与父母面对面谈心 15~30 分钟。要求提前想好谈话的提纲。我给学生们提出了谈心的几个主要任务：主动了解父母最近的工作和身体情况；向父母介绍自己最近的学习和身体状况；向父母提出合适的意见和建议；请父母对自己提出意见和建议。当孩子主动要求和父母谈话时，父母一定很乐意接受。有了前面几个活动所打下的良好基础，相信亲子沟通的效果一定会更好。

至于为父母服务一次，具体的服务方式和内容由学生根据实际情况进行选择。可以是为父母洗脚、按摩，也可以帮助父母做家务，甚至可以做父母工作上的临时助理，比如帮父母整理、打印资料等。

　　当然，这个环节的两项活动任务不一定全班所有学生都能顺利完成，也不一定都能取得预期的效果。有些家庭亲子关系的问题积压已久，很难在短时间内完全改变和化解。但我相信，相当一部分学生能通过以上活动缓解或者改善与父母之间的关系。

　　5. 父母选择自己喜欢的方式，向孩子表达心声。

　　这项任务，是给父母们布置的。有了以上的活动，父母们也要有所回应和表示。具体表达的形式由父母根据实际情况自行选择。

　　父母们发挥各自的聪明才智，各尽所能，用各种富有创意的形式表达心声。比如，有的给孩子写了一封长信；有的准备一张精致的贺卡，写上一段动人的文字，或者写上一首原创的小诗；有的录了一段视频；有的送给孩子一份特殊的小礼物。

　　6. 学生选择自己喜欢的方式，向父母表达心声。

　　在完成以上环节的活动后，我们再次组织一次集体活动，以节目表演的形式进行。活动的主题是"爸爸（妈妈），我想对你说"。这个环节，也算是整个主题教育活动的小结。学生们事先做好准备，选择自己喜欢的方式进行表演。可以是单独表演，也可以是和其他同学合作。表演的形式主要是诗朗诵、唱歌（独唱或者合唱）、乐曲演奏、情景剧，等等。

　　活动现场我们会邀请部分家长参与，也会在家长微信群上同步直播，让家长们感受到孩子对父母的爱，感受到美好或者渐渐走向美好的亲子关系。

　　相对于单一任务、单一形式的班级活动，综合性主题教育活动所采用的形式和策略更为丰富、多元，持续的时间也更长，投入的精力也更多，因此，往往也能取得更好的教育效果。但是有一点需要特别说明，正因为综合性主题教育活动需要耗费较多的时间和精力，我们不可能高频率地开展此类活动，它适用于特别重要、达成目标难度较大的教育主题。

4

第四辑

从"心"开始，
从"新"出发

——提高沟通的
效能

沟通从"心"开始，说的是真诚的态度；沟通从"新"出发，说的是巧妙的策略。有效的沟通，两者缺一不可。我们要改变观念，改变思维方式，进而改变沟通的方式与方法。通过沟通，我们可以解决当下的问题，改善关系；而更高级目标的沟通，是通过沟通，赋予沟通对象以能量，促进其未来的发展。

1. 师生赋能式 谈话沟通策略

谈话是师生沟通极为重要的方式。无论是面对面的谈话，还是通过电话、微信、短信等的交流，都不能只是局限于解决当下的问题，而是要着眼未来，不断给学生赋能，促进学生的成长。因此，我们需要突破固有的低效的谈话方式，实现沟通策略根本性的转变，从而提高谈话的效能。

先入为主——耐心倾听 ◥

在我们的固有认知中，师生谈话时，教师总喜欢先入为主，好当主角，摆事实讲道理，不吐不快，在学生面前充分展现自己的经验，展示自己的口才。事实上，这样的交流方式学生普遍不乐意接受。在家里，在学校里，学生总是当听众，他们的内心已经筑起了"防火墙"，相对于"听"，他们更渴望"说"。"风流不在谈锋健，袖手无言味正长。"作为教师，要学会由"说"到"听"，要善于用心倾听，乐于当配角、做听众，给学生留出宣泄情绪的通道。

倾听是一门艺术。说话需要本事，倾听也需要本事。我们在倾听的时候，多一些积极回应，不轻易打断别人说话，不轻易做评判。

自我本位——换位思考

教师要彻底破除以教育者自居，以自我为中心的沟通思维定式。每一个看似匪夷所思的学生行为，其背后都有一个来自他内心的正当理由。要积极地换位思考，充分理解学生的行为。这样的沟通方式更容易引起学生的共情。

关注当下——着眼未来

我们与学生沟通谈话的内容，不能仅仅就事论事，仅仅聚焦于眼前的问题。教师要具有成长型思维，用发展的眼光看问题，要立足于关注学生的未来。用未来的视角，去看待当下的问题，善于从沟通过程的每一个细节中，寻找促进未来发展的可能性，赋予谈话内容更多的能量。

命令要求——商量建议

教师与学生谈话时，尽量不要用命令式的语气，尽量削弱语言的锋芒，不要发号施令，多一些商量式、鼓励式的建议。少说"你应该怎么做"，多说"你觉得应该怎么做"；少说"你必须怎么做"，多说"你也许可以怎么做"。

主客分明——深度融合

教师在与学生沟通时，要尽可能地消融主客体的界限，善于利用自己人效应和角色互换效应，多用"咱们"等用语，缩短沟通双方的心理距离。比如说："你觉得，这件事接下去咱们该怎么处理？"这样的沟通往往更顺畅，也更有效。

经验说教——专业引领

作为教师，要不断提升自己的专业素养。与学生的谈话沟通，不能仅仅是经验的说教，要摒弃经验主义，充分关注学生的心理特点，善于运用教育学、心理学知识，对学生进行专业的引领。

下面结合案例分析，具体谈谈如何实施赋能式沟通谈话策略。

数学课上，班主任兼数学老师提出一个比较难的问题，请同学们回答。大家都很认真的思考。数学老师发现小李同学正低着头，很认真的在看着什么。数学老师走过去，在他身旁悄悄地看了一会儿，发现他在看小说（一本名著）。数学老师马上夺过小李手中的书，很严厉地对他说："在我的数学课上看课外书，你胆子可真大，数学这么差，还有心思上课看课外书，有本事将来你去当个作家给我看看！"说着，数学老师要没收小李的书，小李不肯。数学老师很生气，小李同学很激动，俩人就在课堂上拉扯起来。

这个案例中的数学老师的处理方式存在几个明显的问题。

1. 命令要求式的处理方式，过于简单粗暴。

2. 只关注当下的问题，没有立足于学生的未来成长。

3. 主客体对立，不能形成共情。

4. 公众场合当面批评学生，且带有一丝嘲讽的语气，容易产生对立情绪，甚至师生冲突。

那么，面对这个案例中的事件，如何实施赋能式的有效沟通？

首先，可以用眼睛看看小李同学，告诉他，老师已经知道他分心了，请他将注意力集中到课堂上来；或者来到小李的身边，轻声地提醒他。苏霍姆林斯基说："在影响儿童内心世界时，不应挫伤他们心中最敏感的角落——人的自尊心。"这样做，就是给小李留面子，也避免当众批评造成的冲突。

其次，等下课的时候，再单独找小李同学谈话。谈话时，先肯定和表扬小李同学爱看书爱看名著的行为，作为数学老师，表示很羡慕，希望小李同学继续保持看书的习惯和热情，将来成为一个文学青年。甚至可以说，有机会，很愿意请小李同学在班里分享阅读的经验和成果。当然也可以很真诚地跟小李说，也许自己的数学课有什么问题，以至于让他失去听课的兴趣，向他表示歉意。

相信此时小李同学会心生一丝感动，至少不会有明显的抵触。接着请他谈谈自己对整件事的认知，老师当倾听者，暂时不做评价。

在小李同学进行自我分析之后，老师再谈自己的看法。如果小李同学不愿意或者不好意思说，那老师可以朋友的身份，直接谈自己的想法。在谈话时，多用"咱们"来表述，拉近彼此的距离。在得到小李同学的认同后，再一起约定，将来如何共同改掉这个不好的习惯，在遵守纪律和规则，并确保不影响学习的情况下，继续保持看课外书的习惯与热情。

最后，如果可以，送给小李同学一本课外书，以示鼓励，赋予其成长的能量。

2. 教师与家长赋能式 谈话沟通策略

教师与家长的沟通也要改变观念，讲究策略与方法，如此，才能提高沟通的有效性。更高级的家校沟通，不是仅仅解决当前的问题，而是赋予能量，促进良好家校关系的建立，最终促进学生更好地成长。

准备充分 ◥

凡事有备无患。我们与家长沟通，如果提前做好充分的准备，那么沟通过程中会更加从容自如。

与家长沟通谈话前，需要准备些什么呢？

最重要的是准备好关于学生平日表现的相关材料。比如学生的学习成绩、思想品德、行为习惯，等等。特别要注意的是，学生的优点和闪光点要心里有数，或者有具体的文字记载。尤其是那些总体表现不佳的学生，更要提前找出他们的闪光点。

作为班主任，我们要养成一个良好的习惯，及时做记录，最好给每个学生设立一个成长档案。

除了准备关于学生表现的相关材料外，我们还要提前预设谈话的场景，尤其是可能会出现的不太和谐的状况，并提前想好相应的对策。

班主任还可以提前选好谈话的地点，比如办公室、走廊，或者校园的某个角落。如果不是家长临时到访，还可以约家长到咖啡店或者茶室去谈。如此，谈话的氛围往往会更好，效果也会更好。

此外，如果是家长来学校面谈，还可以准备好茶水等用于招待。

尊重为先 ◥

相互尊重，创设良好的沟通氛围，是有效沟通的前提。杜威说："尊重的欲望是人类天性的最深刻的冲动。"教育家艾玛逊指出："教育的秘诀在于尊重。"尊重能给人以温暖和力量，给人以心理上的平衡，使人感到友善，产生信赖感。我们教师与家长的沟通，要尊重家长的尊严底线，尊重家长的内心感受，尊重家长的认知水平，尊重家长的需要。

真诚相待 ◥

记得有人曾经说过这样一句话，大意是：如果你不懂太多的沟通技巧，那掌握"真诚"一条就够了。与家长沟通时，我们要真诚相待。做到"三少一多"，即少一些防备心理，少一些套路，少一些功利的目的，多一些真诚坦然的沟通交流。

甘于示弱 ◥

因为信息不对称，或者事发突然，有时候家长会和教师产生误会甚至矛盾冲突。当有些家长带着情绪来与教师交流时，教师可以适当示弱退让，以此暂时缓解气氛。当然，示弱不是害怕，不是无原则地迁就，而是一种缓兵之计。很多时候，示弱也是一种力量，温和也是一种力量。

放眼未来 ╲

与师生沟通谈话一样，教师与家长交流时，也要放眼未来，以未来的视角去看待当下的问题。教师要有发展的眼光和成长型思维，不要只是囿于眼前的事情，不要只是想着解决眼前的问题。

以下是我对家校沟通方面的一个模拟情景的处理，里面包含了诸多赋能式家校沟通的方法策略。

【模拟情景】

小刚是你们班典型的"问题学生"，从一年级起，就热衷挑衅打架。这天，他又把同学打哭了。你把他叫到办公室，他矢口否认，说是同学先打自己的，自己只不过是自我防卫。你一气之下，马上把小刚家长叫来了。结果，家长一来，居然还很生气地质问你："老师，每次你都说小刚打人，只批评我儿子，你是不是对我儿子有偏见？说不定这次是别的小孩先打他的呢！"此时，你该怎么办？

赋能式谈话沟通处理方式如下。

1. 处理家长的情绪。

泡一杯茶，请家长坐下。换一个话题，先跟家长这样说——今天请你们来，主要不是想谈打架这件事的，是想给你们看下咱们孩子的成长地图（即成长档案，需提前准备好），了解他最近的进步，共同商讨咱们孩子下阶段成长的对策。家长既然能这么说，说明之前积压了较多情绪，那么我们需要做的，就是把情绪变成关注学生成长的动力，同时形成自己人效应，让家长体会到班主任对学生的关注和关爱。

2. 提出专业化建议。

家长缓和情绪后，教师再把打架这件事引入，当家长的关注点在"怎么做才能让自己的孩子变得更好"时，就能更好地接受老师的建议。

3. 后续评价跟进。

跟进这个学生后续的评价，比如聚焦一两个不好的习惯，进行 21 天打卡，再利用"报喜鸟"计划等方式，及时跟家长反馈学生在学校的进步表现。也让家长及时向班主任通报在家里的表现（重点是进步的表现）。

与有情绪的家长沟通，首先要避免正面冲突，重点是营造一种良好的对话环境。可以通过茶水招待、请坐、套近乎等方式缓和紧张情绪。教师有时候可以适当示弱。

不一定就事论事，可以转换话题。另外，要善于抓住问题的本质。比如前面这个问题，表面看，是家长的情绪问题，但追根溯源，是学生的问题。解决家长情绪的最好办法，就是解决学生的问题。但是如何解决学生的问题呢？要基于未来的视角去看待当下的问题，就是让家长和学生都能看到希望。学生犯错误往往蕴含着教育的最佳契机。

如此沟通，教师和家长的关系也会因此得到重构、优化和升华。变冲突为融合，危机成了契机。

3. 改变沟通的时间和环境

要提高沟通的有效性，改变沟通的时间和环境很有必要。

在教育实践中，很多老师总是用习惯性思维和方式与学生沟通交流。在时间上，很多老师一般喜欢在学生犯错误或者表现退步的时候找学生谈话。当学生犯错误或者表现退步的时候，老师才会产生与学生交流谈话的意愿，因为有问题总要解决，表现退步了，总要提醒。在沟通的环境或者地点上，很多老师也习惯于在教室、教室外走廊和办公室这三个最"经典"的地点与学生展开沟通谈话。因为这几个地方更方便，甚至很多老师喜欢在学生犯错误的现场（一般在教室居多）直接解决，这样更便捷。

不可否认，选择以上习惯的时间和地点与学生进行交流谈话也未尝不可，也是可以取得一定效果的。但是，特殊情况需要特殊处理，这样单一的处理方式有时候不利于问题的解决，更会影响沟通的效果。比如，在学生犯错误的时候找学生沟通谈话，这个时候，学生有情绪，心理上会构筑一道比较牢固的防御墙，谈话的效果往往大打折扣。比如，学生在教室里犯错误，老师想着在第一现场三下五除二地当面沟通解决，结果往往事与愿违。按照一般人的心理，一个人犯错误了，是很不愿意在这个地方待很久，自然也不愿在这个地方接受老师的教育的。而且又是在公众场合，更需要顾及学生的自尊心，不能只想着当众解决。办公室这个老师们最喜欢对学生展开谈话教育的地方，更是一般学生最害怕去的地方。当学生站在办公室里瑟瑟发抖，或者心中充满了怨气，沟通双方没有形成理想的沟通场域，这样的沟通往往是低效甚至无效的。当然，如果让学生消除对办公室固有的顾虑，办公室也可以成为学生喜欢甚至向往的地方，那就另当别论了。

面对不同的教育对象、不同的教育问题，我们可以适当做一些"变式"，改变沟通的时间和环境（地点），这样往往会取得更好的效果。

改变沟通的时间 ❰

除了在学生犯错误或者退步的时候与学生进行沟通交流之外，还可以选择其他很多时间展开沟通交流。我们需要有足够的耐心，等待合适的时机。

1. 在学生生病或者受伤的时候。

当一个人生病或者受伤的时候，往往内心最脆弱、最柔软，防御和抵触心理也会削弱。这个时候，老师出现在生病或者受伤的学生面前，给他们送去一份真诚的关心和问候，学生往往会心生感动。在此基础上，老师适当地展开话题与学生谈存在的问题，学生也往往会更容易接受。当然，我们不能进行"落井下石"式的批评教育，而是要展开建立在真诚关心基础上的交流，而且态度要尽量温和。

2. 在学生获奖或者取得进步的时候。

学生因为某一次比赛成绩突出而获奖，或者学习等方面取得进步的时候，是老师与之进行交流沟通的好时机。在这么重要的场合，老师需要出现，需要送上表扬和祝福，让学生感觉到那份真诚。这个时候，学生基本没有防御心理。所以，在表扬和祝福的同时，适当与学生展开交流，肯定其优点，再顺势指出其存在的不足，鼓励其扬长避短，再接再厉，学生往往更容易接受。当然，这个时候，我们坚决杜绝"泼冷水"式的交流。

3. 在学生生日或者家里有喜事的时候。

学生生日那天往往是其一年中最开心的日子之一，这个时候，老师给学生送上一份小小的礼物，再送上一份真诚的祝福，学生多半会很高兴也很感动。

高效能带班策略

学生家里有喜事的时候，比如搬新房，比如哥哥或者姐姐结婚，如果收到老师的祝福，学生的心情自然也会更加愉悦。在以上这些重要而喜庆的时刻，学生的防御心理自然会减弱。老师在送上真诚的祝福之后，再适当地展开交流，就势对学生提出相应的期待和要求，学生往往也会更乐意接受。当然，这个时候交流也要适可而止，功利性不能太强。

下面讲一个故事。

很久以前，我曾经中途接手过一个班，有一个女生小 M 在班级里能量很大，女生怕她，男生也怕她。我一时间找不出好的办法去改变她，和她面对面地沟通了几次，她都是应付过去。想去她们家家访，但是家长在电话里说自己在外地工作，不方便回来，似乎也不太愿意跟我多说什么。我了解到她现在暂时住在她妈妈的一个朋友家。我说想去她住的地方看看，她说不方便，拒绝了我。考虑到她是住在别人家，我也不好意思坚持去拜访。于是我通过之前教过的老师和班里的同学，侧面摸清了小 M 的一些"底细"。原来她的父母离异了。父母确实都在很远的城市里打工。据师生反映，她刚进学校那会儿表现还是可以的，虽然成绩不好，但蛮本分的，而且她有一个优点——性格很直率，喜欢"路见不平拔刀相助"。后来可能受学校高年级个别女生的影响，加上父母又不在身边，没人管着，她就渐渐变成现在这样了。我大概了解了情况后，明白了缺少长辈的关心是她渐渐变"坏"的主要原因之一。我一定要找一个机会去靠近她，她对以前那种谈话的场景已经脱敏了，很难有深入的交流。

这个机会就是她的生日！（那个时候，我所带的班级还没有集体生日会。我也没有给学生过生日的意识）据和小 M 关系比较好的几个女生说，再过几天就是小 M 的生日，而且小 M 在与好朋友的聊天过程中透露出了父母不在身边一起过生日的遗憾和忧伤。机不可失，我积极准备起来。在小 M 生日的那天中午，我把她和她的几个好朋友叫到办公室，特意请她坐下。我从抽屉里拿出了一个小尺寸的生日蛋糕，一个透明的包装盒，里面是一个非常漂亮的粉红色的发卡（据说粉红色是小 M 最喜欢的颜色），还有一张精致的生日贺卡。我对她说，今天是你的生日，老师把这几样礼物送给你，祝你生日快乐。然后，大家一起在办公室里为小 M 过了一个生日。大家分吃了蛋糕。我注意到，整个过程，小 M 非常高兴，而且，还露出了一丝从未见过的腼腆。然后，我让其他同学先走，请小 M 留下。我说，老师想跟你再聊会儿天。

我事先告诉自己，不能聊太多，也不要聊很敏感的话题，就是让小 M 知道，老师很在乎她，老师希望她越来越好。事实上，我们也只聊了这些话题。尽管这次聊得不多，但是我分明感觉到小 M 对我的那份以前没有的友好和信任，她也跟我说了几句真心话。这为后来我们更加深入地谈话沟通打下了基础。临走时，小 M 小声地跟我说了句：谢谢老师。

改变沟通的环境（地点）

除了在老师们习惯的教室、走廊、办公室与学生进行沟通交流外，老师们还可以选择其他很多环境（地点）展开沟通交流，这样往往会有不一样的效果。

1. 在学生的家里。

我有时候喜欢到学生家里去做客。不是家访，不是找家长，就是去找学生玩，到学生家里与其沟通谈心。每个人在自己的家里、自己的房间里都会自然产生一种"主人"意识。即便是一个平时对老师不是特别热情和友善的学生，看到自己的老师登门拜访，一般也不会将老师拒之于门外。即便不是每个学生都会很热情，但基本的待客之道一般学生也都会有。事实上，来到学生家，不管家长在不在家，大部分学生对老师的态度都比在学校里要客气、热情得多。有了良好的主客关系和交流氛围，师生之间再展开谈话交流，其效果也往往会更好。当然，这种交流方式，异性师生之间慎用。

下面再讲个故事。

有一次，我到一个平时各方面表现不太好，对人态度也比较冷漠的学生小 S 家里去，找他"玩"。

小 S 打开门，发现我来了，面无表情地转身走进屋子，把我一个人扔在门口。这个时候，我厚着脸皮直接跟着走进屋子。山不过来我过去，我一直以为，有时候为师者需要主动靠近。见我进来，小S便走进自己的房间。我先是在客厅的沙发上坐了一会儿，和房间里的小S远距离地"尬聊"了几句。我先对他们家装修的亮点和一些小摆设夸赞了一番。等气氛缓和了一些，便借口说，我们家也要装修，想进他的房间参观一下，给自己儿子房间的设计做个参考。他不太情愿地回答了一声："哦！"于是，在他的授权下，我走进了他的房间。他的房间布置得很有"运动风"，贴了几张足球明星的海报，书柜上摆放着一只足球。令人有点儿惊讶的是，房间打理得很整洁。我对着房间的装饰赞美一番，然后竖起大拇指，表扬他说："想不到你的房间弄得这么干净，比起一般女生的房间都干净多了！你真是一个爱干净的好孩子！"我发现小S此时露出一丝腼腆的笑。我知道，这个时候，他对我的敌意和冷漠渐渐消融。

随后，我循序渐进，和小S聊兴趣爱好，聊家人的情况，我们的聊天氛围越来越和谐。我故意说，聊了这么多口渴了，他随即起身去冰箱里拿了一瓶饮料给我。我也不客气地喝了起来。后来，我们接着聊。我在肯定他优点的基础上，给予他充分的鼓励，和他一起讨论未来的目标。聊着聊着，他的眼神似乎渐渐绽放光芒。我起身离开时，他还很热情地说带我去公交站。

这次谈话非常成功，一是我循循善诱的谈话方式起了作用，二是有赖于我登门拜访，给了他一次做"主人"的机会，我们双方一起营造了一个特别的沟通场域。

2. 在老师家里，或者在餐厅。

我偶尔会邀请学生到我家里做客，有时候纯粹是请来玩；有时候是给比赛获大奖，或者学习上取得优异成绩以及进步的学生庆功；当然，有时候是为了换个环境，找学生沟通交流。我会给学生准备好吃的，比如外面买的水果、糕点，家人或者自己亲自下厨烤的甜品等。

有时候会请学生到肯德基、麦当劳或者一些甜品店、简餐厅，吃点心或者午餐、晚餐。

我们边吃边聊。聊生活，聊学习，聊兴趣爱好；等时机成熟，再切入事先准备的话题。学生到老师家做客，或者在餐厅里，其内心的防御机制会明显弱化。

当然，请学生到家里来，或者在餐厅里，千万不能给学生以"摆鸿门宴"的错觉。谈话的教育性不能太明显，如果条件不成熟，学生有反感的情绪，老师必须立即停止谈话。

3. 在学校的操场、球场、小公园。

同样在学校里，操场、球场相对比较空旷，小公园环境比较隐秘和安静。在这些地方，带着学生边走边聊，放慢节奏，累了找把椅子坐一会儿，这样的聊天氛围更能引起共情，也更适合聊一些私密性的话题。很多话，学生在教室、办公室是不好意思开口的，而在这种安静空旷的环境里，学生的很多顾虑就会自然打消。当然，这种交流方式，异性师生之间也要慎用。

4. 谈话本，
师生心灵沟通的"咖啡吧"

谈话本，是很多班主任与学生沟通交流的重要通道。

也许有人说，当面沟通不是更直接更便捷吗？为什么要设置谈话本？个人以为，主要原因有以下几个方面。

第一，有些话当面说不清楚，需要用谈话本进行书面交流。

第二，有些话当面不好意思说，不方便说，需要用谈话本进行书面交流。

第三，有些话通过书面表达的方式呈现，可以有更充分的思考、整理的空间和时间。

第四，文字有其独特的温度，更柔软，更入心。

第五，教师尤其是班主任，工作普遍比较忙，很难与每个学生及时进行面对面交流，谈话本可以对此进行有效补充，让每个学生都有机会将自己想说的话表达出来，写在本子上，并及时让班主任看到。

为充分发挥谈话本的功能，我们班的谈话本主要分为四个方面的内容：记录与反思（说说心里话）；班级情况反馈；对学校和教师的意见与建议；老班回复。

记录与反思（说说心里话） ◥

谈话本每周上交一次，一般是周一上午到校后上交，然后班主任会在周二放学前及时批阅好，发还给学生。学生一般会在周末完成谈话本的内容。学生可以把一周来自己遇到的趣事好事与班主任分享，班主任此时也成为学生的忠实粉丝，为学生点赞叫好。在谈话本里，学生还可以对一周的德智体等各方面情况进行小结反思。真诚的反思，其实就是心里话。因为班主任十分重视谈话本，认真批阅，及时真诚地和学生互动，所以，学生写小结反思的态度也会特别真诚、特别认真。除了反思小结之外，学生有时候也会在谈话本上跟班主任分享当面不好意思表达的心情，说说自己的心事。当然，考虑到谈话本的内容有泄密的可能，特别隐私的话题和内容，一般建议学生通过写便条或者与老师面谈的方式交流。

班级情况反馈 ◥

班级的每一个学生都是班级的主人和建设者，班级的建设发展离不开每一个学生的参与。因此，鼓励学生在完成本职工作（承担的班级事务）外，积极关注班级各方面的情况。班级情况反馈主要指对一周来所承担的班级事务的情况反馈，还包括本职工作以外的其他班级情况。班级的每一个学生都是教师的眼睛和耳朵。当然，我们反对把鼓励学生"打小报告"作为班级管理的秘密武器，这一点需要通过班会课等形式与学生进行充分探讨，明确认知，形成共识。

对学校和教师的意见与建议 ◥

我们鼓励学生对教师（包括班主任和任课教师）提出意见和建议。有些学生当面不敢提、不好意思提，但在谈话本里就敢提敢说。教师有时候难免会犯错误或者有做得不妥的地方，但很多时候又恰恰意识不到自己的问题，所谓"当局者迷，旁观者清"。学校在管理上存在什么问题或者有更好的改进意见和建议，我们也鼓励学生在谈话本里提出来。然后，班主任会结合实际情况，及时做出必要的回应。

老班回复 ↘

批阅谈话本成为我每周工作最快乐最重要的事之一。我会及时认真的阅读每一位学生的谈话本，并对以上三方面的内容做出积极的回复，如有必要或者感觉来了，我会敞开心扉给学生写下一长段甚至一长篇心里话。有时候会针对学生自我反思中提到的成长中的迷惑谈谈自己的看法，有时候会跟学生讲述自己相关的经历，有时候学生看了我的留言后，又会追加留言，甚至会有几个回合的相互留言……就这样，师生间对彼此的信任便一点点建立，对彼此的感情便一点点加深。

以上四个方面的内容设定，为师生的沟通指明了方向，这有利于提高沟通交流的有效性，使小小的谈话本发挥大大的作用。确实，有时候，利用谈话本交流，没有师生面对面交流那么及时便捷，但这种相对间接的交流方式，如同开设了一间师生心灵沟通的"咖啡吧"。它与师生面对面交流的方式相互补充，共同架构起师生交流的两大支柱。

以下是学生小 A 一周谈话本的内容及老师的回复。

小结反思：过去的一周，我的心情指数差不多跌到了负数。原因有三：一是不小心脚扭伤了，错过了这次体育长跑测试，要知道，这长长的跑道是最能见证我实力的地方。二是这次阶段考试，我的数学和科学考得很不理想，严重拉低了总分排名。理科真是女生跨不过去的坎！感觉蛮用力了，为什么就是考不出理想的分数呢！三是我们家的"小豆豆"（该学生家爱犬的名称）生病了。哎，真是屋漏偏逢连夜雨。这回，霉运都被我撞上了。我不知道我该怎么面对未来，好郁闷。（画上三个郁闷的表情包）

班级情况反馈：本周班级同学都忙于应付阶段考试，总体表现较好。但有些同学借复习讨论为名，私自调换位置，给自己趁机聊天创造了机会。希望引起老师的重视。

对学校和教师的意见与建议：希望老班您能找我聊一次，我受伤了，需要英明而善解人意的老班安慰和鼓励。（附上一个表情包——求抱抱）

老班有话说：小A同学，首先给你一个大大的熊抱（画一个熊抱的表情包）。确实如你所言，过去的这个星期，你运气不佳，老班深表同情。你为自己不能在跑道上展示自己的风采深表遗憾，我也和你一样有些遗憾。不过，情况还不算糟糕，你的脚伤得不重，而且幸好距离学校田径运动会还有两个多月的时间，你有足够的时间调养。因此，当务之急，你先好好把脚伤养好。再过一段时间你又是田径场上的"一条好汉"。期待着两个月后你重回跑道，继续为班级争金夺银。

至于这次阶段考试，几门理科没考好，也在意料之中。老班建议你及时找这两门学科的任课老师聊聊，请她们给你一点专业的意见。但是有一点，你得重新确立认知：女生不一定就是理科"弱爆"了，凭你的智力，应付我们初中阶段一般性难度的理科考试还是足够了的。别灰心。

你们家的小豆豆"凤体有恙"，老班我也感到难过。毕竟，作为语文老师，曾多次在你文章里领略到了你们家小豆豆的可爱和强壮。现在动物医院医术这么先进，加上你们家小豆豆身体底子好，病会马上好起来的。记得等小豆豆痊愈后，拍张照片给我瞅瞅哦。

你反映的班级情况，我在其他同学的谈话本上也有看到。谢谢你提供的信息，我会找有关同学去谈的。

最后，再送你一个大大的抱抱（画上一个表情包）。坏运气都来过了，接下去该是好运气登场了。明天太阳又是崭新的，一起加油！如果你心里还是感到不舒服，随时可以到办公室来找我。你懂的，老班办公室里可是有很多好吃的哦。

5. 书信是最长情的告白（上）
——写给学生的信

书信是最长情的告白。我喜欢给学生写信，写在纸上的文字柔软而有温度。

什么时候给学生写信合适？写什么内容？下面，从写给全体学生的信和个别学生的信两个方面进行阐述。

写给全体学生的信 ◥

1. 接手新班伊始。

刚刚接手新班的时候，第一时间给学生写信，借此表达接手新班级的欣喜之情，表达对班级未来的初步构想和期待，介绍自己班级管理的理念，表明每个学生参与班级建设的重要性。如此，既可以拉近和学生之间的情感距离，又可以让学生更好地认识新的班主任。这两个方面都为未来师生沟通打下良好的基础。根据"首因效应"理论，班主任要尽可能给学生留下良好的第一印象，这必将有利于今后工作的开展。实践证明，我给新接手班级学生的第一封信，总是能获得学生的好评。这第一封信有时候就是那么神奇。

2. 班级出现重大问题时。

当班级出现一些重大的问题，比如成绩整体性下滑，比如班级学生大面积地犯同样的错误等，需要做详细说明时，长信是很不错的选择。遇到大问题，关联的信息量往往比较大，用长信的形式来表达自己的想法，更容易使学生理解。将自己的真实想法和态度、解决问题的思路和策略告知全体学生，可以稳定"民心"，获得学生更多的信任和支持。

3. 班级获得重要成绩和荣誉的时候。

当班级获得重要的成绩和荣誉，第一时间给全体学生写信，一是分享喜悦，二是向相关学生表达谢意。班级成绩和荣誉的获得，自然离不开大家的支持和帮助。在这个时候分享成果，表达谢意，也更容易使学生产生共情。这样做，还可以充分传递成绩和荣誉所产生的正能量，鼓舞人心，促进班级的发展和学生的成长。

4. 其他关键的时间节点。

比如学生要参加期末考试、中考等大考，或者运动会等大型活动，写一封长信，及时表达对全体学生的鼓励和期待。这样更有利于激发学生的斗志和激情，促进班级的发展和学生的成长。

以下是一封写给全班同学的信。

致 ×× 班全体同学的一封信

亲爱的同学们：

你们好！

今天是 11 月 1 日，从 9 月 1 日你们来到学校至今天，我们相处已两个月，我们走过的这段路程，荆棘与鲜花并存，快乐和苦涩同在，成功与失败相伴。两个月来，我们从相逢到相识再到相知，彼此间有过误会和不快，但更多的是快乐和幸福！

不可否认，我们班级也还有很多不尽如人意的地方，离我们的目标有一定的距离，有些方面甚至差距很大。也许有同学认为，我对大家要求过高。在这里，我要跟大家做一下交流。高尔基说："一个人追求的目标越高，他的才力就发展得越快，对社会就越有益。"有一本书叫《首席执行官》，里面介绍了海尔集团时任 CEO 张瑞敏带领海尔人的创业史。如果张瑞敏没有宏伟远大的目标，能有今天的海尔？能从当年一个小小的冰箱厂发展成今天品牌价值 3000 多亿元的跨国集团？要敢于给自己施加压力，给自己定下较高的目标，这样我们才能快速成长。当然，我们定目标又不能一味地好高骛远，不切实际。比如制定学习目标时，要根据自己的知识基础、能力水平制定自己的长期目标、中期目标和短期目标，制定学期目标、学年目标和三年考学目标。把自己置身于大的方向中去，你才能让自己的发展不至于偏离正确的轨道，即使偶尔有点儿偏离，自己也能对照既定的目标及时地纠正。

从这些天看，我们在卫生、纪律、学习积极性等方面仍然存在诸多的不如意。我从同学们的谈话本、班级日志、自己的亲眼所见，发现了很多不想看到的事情，我心中一直以为表现不错的同学也让我有些失望。

尽管两个月下来出现了一些意想不到的事情，尽管你们的整体表现不尽如人意，尽管我要带你们走一条不一样的路，困难会很多，压力会很大，但这并不能改变我的班级管理目标，动摇我的信心，我想同学们也不会轻易放弃！

我不会忘记你们对老师的尊重和热爱；我不会忘记你们对老师的信任和期望——你们在很多时候总是用充满渴望的眼神期待老师带领你们取得进步和发展；我不会忘记你们曾经信誓旦旦地在决心书上签字：坚决跟着老师走新路；我不会忘记有些同学在不断地进步，比如××同学、××同学、××同学，等等；我也不会忘记你们中很多同学表现优异，比如××同学、××同学等工作认真负责、能力突出，比如××同学、××同学等在文娱体育方面有过人之处，比如××同学、××同学、××同学在学习上的拼搏精神和超强实力；我更不会忘记曾经对你们许下的承诺——我要带领你们突破应试的重围，杀出一条"血路"。我感到自己肩上担子很重，如果不能带好你们，不能让同学们在入学基础上在各方面有更大的发展，不能帮同学们实现考上理想高中的目标，我感觉愧对同学们和家长们对我的信任！因此，我希望同学们在班级这个大家庭中和谐发展，快乐成长，共同提高！

可能你的入学成绩不是很好，小学基础没打扎实，但这并不妨碍你成为班级最可爱的人，最善良的人，最受同学欢迎的人，最关心集体的人，最爱问老师问题的人，最有活力的人，最文雅有礼的人，口才最好的人，最热情的人，最会抓紧时间的人，最乐观的人，性格最好的人，最有上进心的人，最正直的人，最大气的人，最自信的人，最乐于助人的人，学习最刻苦的人，最细心的人，进步最大的人，最温和的人，最文静的人，最坦诚的人，最活泼的人，课堂上最活跃的人，最有亲和力的人，最开朗活泼的人，最稳重的人，体育最好的人，唱歌最棒的人，朗读最好的人，文章写得最好的人，精神状态最好的人，最值得敬佩的人，最爱发言的人，最坚强的人，知识面最广的人，上课最认真的人，最负责的课代表，最负责的班干部，最关注国际风云的人，最富于表演天赋的人，最朴实的人，最爱看课外书的人，人缘最好的人……

当然这段时间我做得还不够好，工作上有很多不足之处，比如有些答应你们的事没有做好，工作做得不够细，对你们发的脾气太多，甚至说了一些不该说的话，现在我向大家道歉。建议同学们尽快起草针对我犯错误或者失职后如何处罚的相关规定，以后再犯错误，愿意接受相关处罚。一旦我犯错误了，比如说话不算话，随意处罚同学，一星期发火超过一次等，我愿意留下来写反思，罚我劳动甚至罚我捐钱作为班级活动经费。

我敬仰的教育家陶行知先生说过一句话："先生之最大的快乐，就是创造出自己崇拜的学生！"我把这句话作为我的教育信条。让学生成为自己崇拜的人，就是我的梦想！我梦想我的学生都是值得我崇拜的出类拔萃的真正的人！

我还要说，我崇拜的学生，无论从事什么职业，他们都是共和国的现代公民，而不是没有任何主见的人。他们具有民主、自由、博爱、平等、宽容等现代人的意识，并将这些意识体现于生活的每一个细节。

我相信，同学们是不会让我失望的！

我希望同学们以后都是善良正直的人！

我们都是一家人，但愿我们的班级尽早地真正地像一个家。让我们齐心协力携手向前，朝着既定的目标，共同努力，走出一条属于我们自己的路！

最后，我感谢同学们，感谢你们对我的监督、支持和信任，正是你们，使我不断进步，使我有了不断前进的动力！

祁进国

××年×月×日

写给个别学生的信

1. 当学生在某方面获得优异成绩或者取得进步时。

2. 当学生生日时。

3. 当学生犯错误时或者某方面表现退步时。

4. 当学生遇到困难或者情绪低落时。

以下是我写给一个学生的一封信。

致 H 同学的信

H 同学：

你好！

今天，我吃过晚饭，陪了会儿孩子，躺在床上看了会儿书，休息了片刻，便打开电脑，给你写信。

我是带着欣喜的心情给你写信的。因为你这一个多星期的表现，让我很满意。你与八年级时判若两人的表现，给了我和全班同学一个大大的惊喜。作为刚上任的班级礼仪主管，你非常积极地去完成你的第一项工作——统计补办学生证，收钱收照片，统计名单。由于班级刚刚重新组建，同学之间大多不认识，所以你挨个去询问登记。这件事，老师看在眼里，感到很欣慰。一个以前不太关心班级的人居然把工作做得如此认真细心，你真的变了。你还有一个可喜的变化，就是学习积极性明显提升，上课能比较认真的听讲，作业能比较认真的完成（至少比以前认真多了），值得表扬。

当然，进入九年级毕业班，绝大多数同学都和你一样，在改变，在进步。所以，希望你能经得起表扬，经得起时间的考验，能坚持到底。短时间内好的表现还不够。毕业班的学习生活是比较艰苦和枯燥的，但这恰恰是对一个人最好的考验。老师相信你能挺住。如果真能在你的成长历程中，成为你可信任的朋友，我会感到特别开心。因此，这封信希望你能藏起来，这里面有老师的真诚期待和美好祝福。

作为你的朋友，我还想说几句心里话：你喜欢穿有个性的衣服，喜欢打扮自己，其实是人之常情，老师完全理解。爱美之心人皆有之，每个人都有自己的兴趣爱好和追求。所以，老师建议你在双休日穿上自己喜欢的衣服，可以偶尔秀一下，"臭美"一回。青春年少，展示自己的个性风采也何尝不可！当然，穿衣服也要讲究品位，那些奇装异服，老师不建议你穿。只是到了学校，还是应该穿校服，不宜标新立异，以免招来麻烦（个中原因，老师曾经结合真实案例跟你们讲过，请好好回忆一下）。再说，穿校服是学校的规定，我们遵守服从为好。

良好的开端是成功的一半，至少初中最后最关键一年的头你开得很好，可喜可贺。老师希望你再接再厉，朝着自己的中考目标和人生理想去努力拼搏。老师还希望你能成为班级里和你情况类似的同学们的榜样，用你的积极行动去影响他们，从而带动整个班级向前发展。

人生能有几回搏？现在不搏，更待何时！加油吧，姑娘！

祁进国

××年×月×日

6. 书信是最长情的告白（下）
——写给家长的信

    除了给学生写长信，我还喜欢给家长写信，同样是因为写在纸上的文字柔软而有温度。给家长写信，既可以写给全体家长，也可以写给个别家长。

    这里先重点说说写给全体家长的信。什么时候给家长写信合适？与给学生写信一样，可以在接手新班的时候，在班级或者学生个体出现重大问题的时候，班级或者学生个体获得重要成绩和荣誉的时候，期中期末大考的时候。

    给全体家长的信写什么内容？以新接手的班级为例，主要表达以下几个方面的内容：一是分享自己接手这个新班级美好的内心感受，二是介绍自己的教育理念和带班理念，三是表达自己对班级未来发展的美好期待和构想，四是提出几点真诚的希望和建议。以下是写给全体家长的一封信。

致 ×× 班 全 体 家 长 的 第 一 封 信

家长朋友：

    你们好！

    又是一次美丽的遇见，又是一份难得的机缘！

    很高兴能成为你们孩子的班主任。当我拿到班级学生名单时，那一个个名字仿佛一个个快乐的精灵在我的脑海里跳动，我用手轻轻触摸这些名字，心中涌动着一股股热流——加上你们家长，我一下子又多了这么多个朋友！这是一件多么美妙而幸福的事情！未来的三年是你们的孩子发展成长的黄金阶段，我们将一起陪伴他们由天真无邪的儿童成长为激扬青春的少年，能成为几十个孩子成长的见证人和引路人，我感到无比激动、无比荣幸。

此时，我的心中有无限美好的联想，我如同一个园丁看到满园含苞待放的花朵，我想，只要我们尽心尽职，精心培育，科学合理地施肥、浇水、护理，三年之后，这个花园一定会是百花争艳、芬芳满园。此时，我深感肩上的责任重大。在竞争日趋激烈的教育大环境下，培养这些处在心理变化最敏感的由孩提时代向青春期过渡的生命个体，需要有足够的勇气和智慧，需要老师、家长通力合作，需要大家坚持不懈地努力。

借此机会，我想先简单介绍一下自己班级管理的理念构想。作为班主任，我将努力践行"五个一起"的工作作风，即师生一起学习，一起运动，一起玩乐，一起生活，一起成长。我会和孩子们一起努力，将班级打造成为一个自由民主、文明和谐、积极向上的集体，营造良好的班级舆论和风气，让每一个孩子在接受老师教育的同时，通过互相教育和自我教育，提高自己的思想素质，成为一个守纪律、讲文明、热爱生命、热爱社会、敢于担当、乐于助人的好公民，一个有自由思想、独立人格的生命个体。作为班主任，我会和孩子们一起努力，创设良好的条件，营造良好的氛围，让每一个孩子在这个大集体里，挖掘自己的潜能，发挥自己的个性特长，为将来的专业成长打好基础。我的班级管理核心理念是"和学生同呼吸共生长"。班级是一个生命场，一个能量场，作为这个生命场里的生命个体，我们每一个老师和学生汲取彼此能量，相互扶持，共同成长。我的班级管理核心目标是"促进每个学生科学地发展"，不以分数论英雄，促进学生多元智力潜能的最优化发展。我会考虑到班级和学生的实际情况，发挥每个孩子的聪明才智，不断调整优化班级管理的方法、策略。我也将和孩子们一起进步成长，不断更新班级管理理念，提升管理水平。对于未来三年，我拟定了"打造一间会呼吸的教室"这个班级发展和建设构想，今后有机会我们可以就这个构想和其他教育问题一起深入研究探讨。

借此机会，我也想给各位家长提几点希望和建议：

1.树立角色意识，做一个称职的教育者。家长也是一个教育者，家长是孩子的第一任老师，也是孩子永远的老师。即便你的文化水平不高，教育素养不专业，但你的人生阅历、社会经验，也都是宝贵的教育资源。至少你可以做孩子称职的陪伴者。在某些方面、某些时候，家长的教育功效其实是远胜过老师的。我设想在未来的日子里，创设各种机会，展示分享家长的智慧：邀请家长到班级上课、作讲座，发挥自己的专业特长；举行"亲子私房菜"展示活动，分享育儿经验……你们可以为孩子的成长做很多很多。

2. 积极沟通联系，一起创建班级发展共同体。我们都是班级这个发展共同体中的一员，我们目标一致、利益相通，都是自己人。我们完全可以在明确责任边界的基础上，积极地实现融合。我们需要及时沟通，形成对孩子的教育合力，提高教育的实效性。在很多时候、很多方面，班主任与其他任课老师的工作都离不开家长的理解、支持和配合。家长在班级管理和建设上，可以做的事很多很多。比如，班级举行一些大型活动，需要家长参与助力；家长如果更换联系方式，要及时告知班主任；孩子在家需请假的，家长要亲自打电话、发信息请假；学校安排的一些重要任务需要家长签字确认的，家长要在认真阅读的前提下，负责地签下名字。另外，很重要的一点，我这个人生性愚钝，记性很差，很多时候很多方面我要向你们学习，需要你们的帮助和提醒。借助你们的智慧和力量，是我班主任工作的一项重要内容。

3. 抛弃"唯分数至上"的错误观念，全面地评价孩子。也许你们觉得我说这样的话，有点儿不切实际，不负责任。学习成绩到底有多重要，这是个十分复杂的问题，难有定论。我想说，我不否认学习的重要性，相反的，我们老师会全力以赴，力求以最科学的方法、最高的效率帮助孩子提高学习成绩。每个人都有自己的长处，也有自己的短处，让孩子发挥自己的兴趣特长，促进自己优势潜能的最优化发展，容短促长，并且学会做人，就是很成功的教育。你的孩子适合学习，就让他好好学习；你的孩子适合做别的事，那就在不放弃学习的前提下，努力让他把别的事做好。围棋大师吴清源年少时整天都泡在棋局里，他的舅舅很生气，说："下棋能当饭吃吗？"吴清源说："能。"后来他打败天下无敌手，独霸棋坛。是的，下棋也能当饭吃！高分低能者不如低分而有一技之长者。所以，你在关心自己孩子学习成绩的同时，也要关心他有没有什么兴趣特长，关心他的思想修养是否有提高。诗人但丁说："道德能够填补智慧的缺陷，而智慧却永远填补不了道德的缺陷。"总之，让孩子们学会做人，提高道德素养，比什么都要紧。

4. 不急于求成，用发展的眼光看待孩子。恕我直言，现在的家长大多望子成龙心切，巴不得自己的孩子"一口吃成个胖子"，能够在最短时间内提高学习成绩，最好各方面都能比其他孩子优秀，因此，家长对老师寄予很高的期望。人的发展有很大的差异性，孩子的智力发展有早有晚，有的人少年老成，有的人大器晚成。爱因斯坦四岁才会说话，七岁才认字，而艺术大师罗丹年少时被他父亲认为是白痴。孩子的成长历程本来就是十分漫长而复杂的过程，揠苗助长、急功近利自不可取。我们要对孩子多一份耐心，要遵循教育规律，用发展的眼光去看孩子。孩子的成长道路上，有坦途，也有坎坷，我们需要有一份耐心，一份宽容，一份执着。慢慢走，不会错过风景；慢慢来，一切皆有可能。

5. 创设条件，引导孩子养成读书的好习惯。我这里所说的书，不是指教科书，是指课外书，包括文学作品、百科全书。众所周知，作为文明古国，我们整个国家的人均阅读量不容乐观。作为家长，当为孩子读书创设良好的环境，引导孩子会读书，喜欢读书。自己不喜欢读书的，至少得引导监督孩子读书，至少得舍得给孩子买书，至少得给孩子一个安静的读书空间。有句话大概是这样说的，一个经常捧着一本书坐在角落里安静看书的人，是不会坏到哪里去的。我觉得这句话不是真理，但很有道理。所以，我设想在未来的日子里，我们举行形式多样的亲子阅读活动。父母和孩子共读一本书，丰富了阅读者的学识，也拉近了彼此的距离。暑假是读书的好时候，让我们先充分利用起来。

各位家长朋友，古训曰："子不教，父之过；教不严，师之惰。"面对各种考试的压力，我们家校双方当明确认知，密切协作。在孩子俯瞰题海的同时，偶尔使他们能够抬头仰望星空；在兼顾学习成绩的同时，努力为孩子们留出最温柔的一厘米。我想我们大家都应该尽自己的最大努力完成这份神圣的使命。当接手这个班级的第一天起，我就决定在未来的三年时间里，为每一个孩子的健康成长倾注全力，直到他们毕业的那一天。今后必要时，我还会给你们全体或者个别家长写信，我还会通过多种方式与你们沟通。我的手机号码是……，其他任课老师的联系方式今后将一一告知你们的孩子，欢迎你们通过各种方式与我以及其他任课老师沟通联系。漫长的暑假是孩子学习和成长的宝贵时间，我们不能在这一个半月里被别人偷偷拉开差距。因此，为了便于交流联系，一起探讨暑假的安排，我想提前创建我们班级的家长微信群，烦请各位家长先加我的微信（略），然后我会把你们一一请进群里。

家长朋友们，天地无私心，造物无尊卑。每一个孩子都是鲜活的独特的生命个体。每一个生命都需得到应有的敬畏与礼遇。怀一颗敬畏之心，用欣赏的目光去对待每一个生命。因此，我向你们承诺：我会尊重和善待每一个孩子，不会放弃每一个孩子。

最后，我想用米兰·昆德拉的一句话和大家共勉：每一个生命都是一株长满无限可能的树。让我们相信孩子，相信彼此，一起共创教育的美好未来！

不当之处，请大家批评指正！

最后，祝各位家长朋友：

工作顺利，万事如意！

你们的新朋友：祁进国

××年×月×日

以上说的是给全体家长写信。有时候，如有必要，我也偶尔会给个别家长写信。当学生在某一方面获得突出的成绩，或者取得进步时，抑或做了什么好事，给家长写一封表扬信或者祝贺信；当学生在某一方面存在明显问题，或者某一方面出现较大退步时，给家长写一封信，坦诚地反映情况，并给予专业性的意见和建议；等等。相对于简短的聊天式语言，这种较长的信，给人的感觉显得更有诚意，更用心，更正式，也更能获得家长的情感共鸣。

7. 小卡片 + 小点心，构建师生心灵的"超链接"

因为谈话本要由班干部统一收发，一些特别私密的话题，不太适合在谈话本里交流，所以，我一般会找学生当面聊，或者我们互相写小纸条或者小卡片。当学生某方面表现有进步，或者遇到什么困难时，除了当面谈话鼓励外，我也会偷偷地往学生书桌的抽屉里塞一张小纸条或小卡片，有时候，还会附加一份小点心。前面提到，我会给学生写长信，但是长信需要较长的时间完成，班主任工作繁复，不可能有那么多时间经常给学生写长信。而小纸条、小卡片比较灵活便捷，一首即兴的小诗，一段暖心的话语，甚至一幅漫画，一个表情包，然后加上一根火腿肠、一个小面包或者一袋小饼干，几分钟搞定。书信和小纸条、小卡片优势互补，让师生的交流方式变得更加丰富多元。

我记得曾经有一次给学生的小卡片上是这样写的：

你昨天送我的那几瓶"养乐多"

给了我一天的能量和快乐

让我感受到了你内向甚至看似"冷漠"的外表中

隐藏着一个火热的心脏

谢谢你！

——老祁

当某一个学生今天考试没发挥好，或者因为其他事情没做好，心情不好时，我会挑学生去上体育课或者音乐课、实验课等的间隙，快速行动，找一张小卡片，写上一段鼓励的话，或者画一张轻松幽默的漫画，附上一份精致的小点心，塞在学生抽屉里比较容易被发现的地方。当学生回到教室，发现班主任为他精心准备的别致的礼物时，心情也许会平复很多。

比如：

摔倒和失败，都是成功路上的宝贵财富，恭喜你又赚了一笔。相信下一次考试，你会带着这笔财富，取得好成绩。加油！（画上"握拳"加油表情包）

——老祁

当某一个学生今天考试取得了比较大的进步，或者做了一件好事，取得某一项荣誉，还没来得及当面好好表扬，就要去参加大课间活动了，我会见缝插针，赶紧行动，给学生写上几句话，或者画个简单的表情包，附上一份精致的小点心，以示鼓励。当学生一回到教室，就能发现班主任送给他的礼物，心情一定比较激动。

比如：

市演讲比赛二等奖！这个天大的喜讯，我第一时间冲到教室想告诉你！可惜，你们去上实验室做实验了。祝贺你，你是最棒的！等会我去开会了，所以，先给你留下喜讯，送你一份小点心。（画上爱心表情包）

——老祁

这样悄悄地写卡片，偷偷地附上爱心点心，相比于面对面直接和学生谈话，当面给学生送礼物，会多了一份神秘感和意外的惊喜。

这么多年的班主任经历，我送给学生的小卡片加小点心的次数已经数不胜数。这么多年来，具体给学生写了哪些话，画了什么漫画和哪些表情包，健忘的我大多是记不得了。但我依稀记得学生发现我的小卡片加小点心时的或惊喜或感动的神情。他们那一瞬间写在脸上的表情符号，让我深深地明白，换一种方式沟通，换一种方式表达爱意，原来是那么的新鲜和有趣。小卡片＋小点心，构建了师生心灵的"超链接"。小小的举动，小小的爱心，积累起来，甚至会产生神奇的"蝴蝶效应"。

8. 班级吐槽大会

所谓的班级"吐槽大会"，和电视里的节目形式相似，就是班级专门安排一个时间，让全班所有的学生和班主任，相互面对面尽情地吐槽，表达对个人或者班级的不满。

举行这样的活动，主要目的是给每个人一次宣泄情绪的机会。学生在吐槽大会上的情绪和意见多半在平时就会产生，遇到的问题也并非最近才出现的。那么，学生可以找老师、同学及时进行面对面交流，可以在谈话本里写出来，为什么还要在吐槽大会上集中释放、交流？这里有两个很重要的原因：一是通过这样的活动，更能营造一种民主和谐的班级氛围；二是在班级吐槽大会上集中交流，借助班级良好的氛围，形成独特的场域，更容易使学生认识自己的问题，更能虚心接受意见和建议。

吐槽大会和本书的"烦恼接龙"班会课案例有相似之处，但又不完全一致。下面我会结合吐槽大会的特点和一般程序加以说明。

班级吐槽大会的特点 ◥

1. 有固定的时间。

我们一般每学期安排一至两次吐槽大会。期中吐槽大会是雷打不动的，期末吐槽大会，看具体情况。安排在期中有一个特别的好处，就是既可以通过吐槽大会发现和梳理半个学期来存在的问题，又可以利用下半学期对问题进行改进。

2. 有固定的主持人。

活动设置固定的主持人，主持人由班级的主要班委担任。尽量选择现场调控能力比较强、口才比较好的班委担任，毕竟是吐槽大会，有时候学生的意见会比较激烈，言辞比较尖锐，情绪会比较激动，现场氛围会比较紧张，这就需要主持人充分发挥自己的作用。一般会物色培养两至三位主持人，轮流担任。

3. 气氛民主而热烈。

既然是吐槽大会，就允许每个人畅所欲言，甚至是不吐不快。我们尽力营造良好的氛围，比如先向班主任和班长"开炮"，班主任和班长带头当吐槽的对象，接受其他人的吐槽。有了好的氛围，才能更好地开展活动。我们鼓励学生在遵守基本文明礼仪、不进行人身攻击的前提下，大胆发言。

4. 入情入理。

吐槽大会，宣泄情绪是首位。前面提到，设置这样的活动，就是要给学生一次宣泄情绪的机会。很多时候，人的情绪积压到一定程度是需要宣泄和释放的。唯有如此，才能更好地实现情绪的平衡。与此同时，我们要正面引导，在宣泄完情绪之后，对问题或者事件有理性的认知，最终让学生由感性升华到理性。班主任应该充分关注这一点。

班级吐槽大会的一般程序 ◥

1. 主持人开场白。

主持人通过开场白，明确活动目的和意义，营造良好氛围，调动全班学生参与吐槽的积极性。

2. 向班主任"开炮"。

班主任在这个时候需要第一个主动接受全班学生的吐槽，如此，为整个活动营造良好的氛围。

3. 向班长"开炮"。

作为一班之长，自然要在班主任之后挺身而出，接受大家的吐槽。

4. 自由吐槽。

每一个学生都有机会以举手发言或者递纸条的形式，向全班每一个学生或者整个班级吐槽，这个阶段也是气氛最热烈的阶段。

5. 班长小结。

班长一边参与活动，一边负责记录，对本次活动的实施情况进行小结，并对学生吐槽的问题进行归类小结。同时，对活动开始阶段学生集体向自己"开炮"的相关问题作解释说明，并对今后的改进情况积极表态。

6. 班主任小结。

班主任在班长小结的基础上，发表自己的意见和想法。同时，对活动开始阶段学生集体向自己"开炮"的相关问题作解释说明，并对今后的改进情况积极表态。

7. 主持人宣布活动结束。

以下是班级一次吐槽大会的实录。

疯 狂 的 吐 槽 大 会

今天下午班会课，大家期盼已久的吐槽大会隆重举行。这次吐槽大会是我们班级组建以来的第二次吐槽大会，有了前一次活动的经历，大家似乎都能很快进入状态，整个活动气氛热烈，甚至有些火爆和疯狂。好在主持人，也是我们的宣传部部长 Z 同学现场控制力极强，基本能成功地 hold 每一个场面。

主持人精彩的开场白过后，就卷起了一场风暴——向班主任祁老师吐槽，即"向老祁'开炮'"。有时候说话不算话，说好的活动好几次都没有及时举行，比如说好组织大家看电影却没看成；语文课上讲班级的事务偏多，尽管有《班主任违规失职自助式处罚菜单》这个"紧箍咒"，但是老祁有时候还是不长记性；虽然经常鼓励大家课间走出教室，多多活动，但一到月考临近，就不够淡定，有时候会把大家截在教室里做作业复习……同学们对老班老祁可谓不留情面，尽管老祁是我们心目中的好老师、好班主任，但是身上问题还是不少呢。谁叫老祁说，让我们对他老人家要求高一点，以一个优秀班主任的高标准去监督和评价他的一言一行。事实上，老祁态度确实很好，边听边不停点头，还做了密密麻麻的笔记。

一波未平，一波又起。对老祁的火力持续了大约五分钟，随后，我们把目标对准了我们的班长：有时候还是缺少大局观；有时候有点儿偏心；有一次居然带头看"违禁"的小说；有几次自修课的时候和旁边的同学讨论太热烈……我们的班长尽管是大家投票产生的，而且尽职尽责，工作能力也是杠杠的，总体上也算优秀，但是也并非完美无瑕，没办法，谁叫她是我们××班的班长呢！不过，我们班长就是大度，面对同学们的"狂轰滥炸"，始终很淡定，也很虚心。

随后，主持人宣布自由"开火"。同学们争前恐后，纷纷起立吐槽。××同学尽管学习成绩好，但有时候有些小自私；××同学总是仗着自己人高马大，排队打菜的时候乱插队；××同学总是喜欢乱扔垃圾，地刚刚扫干净，他的四周又会出现各种垃圾；多媒体主管在我们班外出上课的时候忘记关电脑和投影仪；值日班委有时候会对自己的好朋友"开绿灯""开后门"……到后面，实在过于激烈，为了让更多同学有吐槽的机会，主持人让还没来得及吐槽的同学将吐槽的内容写在纸条上，由主持人集中念出来。也许是刚才对老祁和班长的"开炮"太过瘾了，同学们在这个环节依旧活力十足，情绪高涨。有的同学兴致来了，连自己的同桌、好朋友都不放过。

时间过得很快，一节课很快就要过去了。主持人宣布本次活动结束，大家还有什么想吐槽的，可以继续写在纸条上，交给班长。随后，班长作了小结发言。班长对小本本上记录的同学们吐槽的内容作了梳理和归纳，向大家作了说明，并表态，将在班委会上对重点问题进行进一步讨论，尽快解决存在的问题。班主任祁老师也在班长发言的基础上，做了重要讲话。他表示，同学们对自己吐槽的几个问题会认真思考，及时调整改进。同时也表示，对同学们今天吐槽比较多的重点问题，会和班委会一起认真思考讨论，拿出最佳的解决方案。

吐槽活动就这样结束了。大家收获满满，期待着下一场吐槽大会的到来。

9. 神秘的锦囊

前几年有一部热播的电视剧叫《琅琊榜》，里面有一个反复出现的桥段，就是主人公遇到重大危机和挑战的时候，会来到琅琊阁，寻求老阁主的帮助。老阁主了解情况后，一般不会当面说破，而会给前来求助的人一个锦囊，锦囊里面藏着用以化解危机、扭转局势的妙计。这就是所谓的锦囊妙计。受此启发，我想，可以在班级管理中，在与师生的交流中，像电视剧里的老阁主一样，使用这种神秘的方法。

为什么可以使用这种交流方式？使用这种交流方式有什么好处？我是基于以下几点考虑。

一是神秘。有时候，人与人的沟通交流，有了一种神秘感，便会让人多一份期待。所以，要尽可能地营造一种神秘的气氛。神秘的东西，总是会激发人的好奇心。

二是新鲜。习惯于面对面交流，或者用谈话本交流，似乎有点儿"审美疲劳"了。和给学生送小卡片一样，送锦囊的形式是学生平时很少或者说基本没有见到过的。因为人大多有喜新厌旧的心理，对新事物多份期待，是人之常情。

三是庄重。在一个人包括学生的认知里，送锦囊一般都是在比较关键的时刻才发生的。用这种方式，正好可以体现庄重感，使学生更加重视甚至敬畏这种交流方式。

送锦囊这种方式，最大的特点就是神秘。那么如何增添这种交流方式的神秘感呢？

第一，时间的选择上，送锦囊跟平时的交流方式不一样，需要选择比较独特的时间。比如，在早上规定到校时间之前早几分钟，在放学之后其他学生陆续离校后的时间，或者晚上。

第二，地点的选择上，最好不要选择教室、办公室和校园里其他比较显眼的场所，而是尽可能选择校园里相对比较隐秘的、人员来往比较少的地方。

第三，说话的语气和表情上，可以故作神秘，一般是改变平时说话的语气、语调和神情，放慢语速，抑扬顿挫，表情严肃。

第四，锦囊的样子要真的像古代的锦囊。可以在网上购买，也可以自己定制，请家里人或者朋友帮忙缝制几个。然后，将写着锦囊妙计的小纸条折好，塞在锦囊里。如果拿着一张小纸条当锦囊塞给学生，就少了一份神秘感和庄重感。

第五，锦囊妙计内容的语言表达上，尽可能使用文言句式，写得含蓄婉转一些，这样就会多一份古韵，多一份神秘感，毕竟锦囊妙计是从古代沿袭而来的。

第六，不能滥用。既然锦囊一般都是在关乎一个重要事件的成败或者一个人命运走向的关键时刻送出的，那么就不能随便送，要选择合适的对象和事件以及时间节点。如果滥用了，神秘感就被破坏了。

下面跟大家分享其中一个送锦囊的故事。

几年前，我的班上有一个特别聪明而又特别调皮的孩子。因为他思维特别敏捷，做作业或者做其他事情时，速度总是特别快。看书的时候，当其他同学还在看前面几章时，他差不多把整本书看完了；写作业的时候，当其他同学还在奋笔疾书时，他早就写好了。因为调皮淘气，他又喜欢在这个时候弄点事情，搞点儿恶作剧。比如，敲敲桌子，发发怪腔，故意提前告诉同学答案，等等。为此，我曾经多次找他谈话，也曾经批评过几次，效果总是不好。于是，我想换一种独特的方式来交流，而这种方式是他从来没有体验过的，能给他一种独特的能量。我思来想去，决定给他送一个锦囊，这也是我带这个班时第一次给学生送锦囊。

于是有一天下午放学后，我把他叫到教室走廊外面的角落里，靠近他的耳畔，特别轻声地说："明天上午七点（学校要求学生七点二十分前到校，他一般七点就到校了），请到学校食堂北侧的小树丛旁等我，我有特别重要的话要跟你说。切记，不要告诉任何人哦。"我拍拍他的肩膀，露出特别严肃的表情。他懵懵地点点头说"好的"。

第二天上午六点五十分，我提前来到约定的地点。大约过了五分钟，这个孩子也走过来了。记得那时是初冬，白昼时间相对较短。这个时候，天色还不是特别亮。我轻轻地移步到那个同学身旁，故意环顾四周，见周围没人，才缓缓地用平时很少有的语气，压低声音，一字一顿，说了一声："你来了，来了多久了？"他挠挠头说："是的，老师，来了大概十分钟了吧。"我再次慢慢地靠近他，表情变得更加严肃，从口袋里拿出一个锦囊，塞到他的手里，继续一顿一挫地对他说："这个锦囊里有一条妙计，对你特别重要，你收好，藏好，在没有人的时候再看，最好放学后带回家再看。记住，天机不可泄露，千万不要把这件事和锦囊里的内容告诉任何人。"他的表情一开始有点儿迷茫，后来慢慢变得严肃起来，也许是被我的情绪带动起来了。然后，我说："我们各自分头离开吧。"

锦囊里写着两句话。第一句：欲行远，读哲学；第二句：可借阅于为师也。第一句是核心内容，我把字写大一些，第二句字写小一些。这两句话都有浓浓的文言韵味。我知道，这个孩子文言文阅读能力不错，这两句话他能读懂。为什么要写"欲行远，读哲学"这六个字？我发现，这个同学逻辑思维能力特别强，平时与同学们辩论时，总是略胜一筹。我觉得他有这个能力去读哲学的东西。再者，读哲学，确实可以让一个人的精神内涵变得更加丰富，思维认知更有高度。最后一个原因是，让他多读一些有难度的书，就会"消耗"他的时间和精力，少生是非。

我不知道他是什么时候打开我送的锦囊的。但是，我猜想这一次他一定不会太随意，一定是一个人偷偷看的。第二天早上，他依旧来得很早。放下书包后，他急忙跑到办公室来找我。发现我在，他走进来，露出平日极少的那种腼腆而又很严肃的表情跟我说："老师，我想向你借一本哲学方面的书。"果然被我料到，我内心狂喜，又不敢喜形于色，便继续像昨天一样，摆出一种比较神秘而严肃的态度，说："其实为师早就为你准备好了两本书。恭喜你领会了为师送给你的这条锦囊妙计的意思。"我打开抽屉，拿出两本关于哲学的书，一本是罗素的《西方哲学史》，一本是柏拉图的《理想国》。我拍拍他的肩膀，对他说："哲学书比较难懂，但对一个人认知提升和思维的发展很有价值，可以帮助你走得更远。你是班里最具哲学家范儿的同学，慢慢地读，相信你一定会读懂，实在不懂的地方可以找我交流，或者查查资料。"他点点头。我分明感觉到，此时，他的眼神是闪闪发光的。

后来，我看到他在完成作业后，偶尔会捧着这两本书看。也因为这样，他在教室里搞恶作剧和玩闹的时间慢慢地变少了，人也慢慢变得比以前稳重了。有时候，他也会带着书里的问题找我交流。再后来，到了初三，他以优异的成绩考上了当地的省重点中学实验班。

在毕业后与他的交流中，我曾经问他，那次送锦囊的故事对他有何影响。他说，那种独特的氛围，独特的仪式，确实让他有了特别的触动，使他的心理有了很大的改变。而读哲学，也确实使他的思想变得更有高度和深度，对他的学习尤其是文科的学习帮助很大。

世界上极少有"包治百病"的灵丹妙药，也极少有"一招管用"的教育方法，即便是所谓的锦囊妙计也是如此。结合每一个学生的实际情况，用心去尝试不同的方法，也许总有一种方法会给学生较大的触动和影响，比如故事里的那个神秘的锦囊，似乎有一种神奇的力量，让那个学生的心灵受到了不一样的触动，于是开始有了改变。

送锦囊，其本质就是一种正面管教，是一种积极的心理劝导和暗示。只是换了一种方式，能让学生产生一种新鲜感和神秘感。也因此，它往往在关键时刻、关键事件中起到特殊的作用。这么多年来，在一些关键的时刻，我曾给学生送过一些锦囊，也取得一些神奇的效果。后来，当我在工作上陷入困境时，我也曾收到学生送给我的锦囊妙计，助我渡过危机。

5

第五辑

依托集体，
守正出奇

——提高助推学生
个体成长的效能

我们可以积极借助班级集体的力
量，创造特殊的场域，去助推学
生的个体成长。我们倡导赏识教
育、正面管教，去助推学生个体的
成长。此外，要基于学生的成长规
律，充分考虑学生的心理特点，守
正出奇，不断创新。

1. 给每位学生建立成长档案

给每个学生建立个人成长档案，在学生的成长历程中，起到了极为重要的作用。具体说来，有以下几点作用。

第一，通过学生个人成长档案，我们可以看到学生不同阶段的成长轨迹，可以全面而具体地了解学生的各方面表现，即可以从纵向和横向两方面了解学生。这样就为学生下一阶段的成长发展提供了极具价值的参考资料——学生自我教育和教师对学生实施教育的策略制定都应该充分关注成长档案中所记录的内容。而个人成长档案内容记录得越翔实越全面，其价值也越高。如果仅仅是凭教师记忆或者零散的记录，无法起到这么大的作用。

第二，学生的个人成长档案，在家校沟通的过程中也起到非常重要的作用。我们在约家长到学校面谈时，与家长进行线上沟通时，包括去学生家家访时，都需要准备与学生平时在学校表现有关的材料。如果建立翔实完备的个人成长档案，则能对学生的个人成长信息进行动态、全面地分析，在此基础上提取与此次家校沟通有关的最有价值的材料。如此，可以大大提高沟通的效能。

第三，建立学生个人成长档案，为学生留下成长的痕迹。当学生毕业时，我们可以学生在学校期间的经历为主题，给学生做一个短视频，作为特殊的毕业礼物送给学生。而这份厚重的礼物的"原料"大部分来自学生个人成长档案袋这间"仓库"。

那么，如何建立学生个人成长档案？个人成长档案的形态和内容包含哪些方面？

个人成长档案最好包括电子档案和纸质档案。我们可以将学校下发的学生成长记录册作为纸质成长档案的主要载体。而电子档案，可以用电脑硬盘或者云盘储存。

具体说来，学生个人成长档案主要包括以下几方面的内容。

学习成绩 ↘

学习成绩是学生个人成长档案里重要的内容之一，我们最好给每位学生设计一张电子版的学习成绩记录表，然后对学生的每一次大考成绩及时地记录（如果有时间有精力，甚至可以将每次单元测验的成绩也统计进去）。我们可以给学生制作一张简明的学习成绩曲线图，作为学生对自己的学习情况进行自我评估和分析，调整和确定下一阶段学习目标的重要参考依据。同样的，这些数据，也可以作为班主任与学生进行个别交流的重要信息。当然，约谈家长，开家长会，或者去家访之前，提供这些有价值的数据，可以让家长对孩子一个阶段以来甚至是几年来的学习成绩情况一目了然，为彼此沟通提供重要的资料。

因为档案里有了平时积累的成绩数据，每次需要用到曲线图的时候，制作起来就比较省时、便捷。

奖励记录 ↘

我们把学生进到这个班后的每一次大大小小的获奖情况都记入成长档案的奖励记录表里。我们一般的做法是将学生的奖状证书扫描或者拍照，形成电子版，附在记录表的指定位置。考虑到并非每一个学生都是那么出类拔萃，能获得校级以上高级别比赛奖项或者荣誉的学生毕竟不多，我们不要忽视每一个学生的出彩表现，哪怕是在学校里获得很小的奖项或者荣誉，甚至在班级里获得的奖项或者荣誉，比如班级手抄报比赛获奖，比如班级书法比赛获奖，比如获得班级"才艺达人"称号等，都要将之一一及时地记录下来。这些在别人眼里不屑一顾的东西，可能是见证了某一位学生几年来难得的"高光时刻"。

当然，参加比赛不一定就会获奖，只要是参加校级及以上比赛的学生，我们都可以将其参赛的情况记录到成长档案里。

好人好事记录 ❮

成长档案里还包含好人好事记录表。学生做了什么好事，比如拾金不昧、热心助人等，也都要记入档案。当然，也许有些学生真的像雷锋一样，时时处处做好事，很难一一记录，那就尽可能地做记录，或者实施定性和定量相结合的方式。

违纪犯错记录 ❮

学生在校期间，如有违反校纪校规的错误行为，自然也需要及时地记录到相应的表册里。

尽管我们努力做到正面管教，尽管我们要包容学生的错误，但是，需要的时候，这些"负面"的真实信息也应该作为教育和沟通的备用资料。

每学期的评价（小组评价、班干部评价和班主任评价） ❮

以上几个方面的信息，大多属于纯数据式的信息，更多的是一个个事实的直接记录。一个人的成长档案里，还应包含一些评价式的信息。

每学期末，我们都会有学期评价，包括小组评价、班干部评价和班主任评价。这些评价也是十分重要的，有时候是那些直接的数据、奖状和处分记录所无法替代的。我们会把每个学生的学期评价记录到学生成长档案里。如果是纸质的评价材料，就装入纸质档案袋里。

2. 班级"双人物"的 评选与颁奖

我们班级会定期评选感动班级人物和班级风云人物，我们称之为班级"双人物"，分为"月度人物"和"年度人物"。这项评选活动是我们班级最重要的活动之一。这项评选活动旨在树立身边的先进典型，传递正能量，通过榜样的力量去助推更多学生的成长。

感动班级人物是在某一方面或者某几个方面表现突出，感动全班同学，侧重于学生精神品质方面。

班级风云人物则侧重于学生在某一方面或者几个方面取得的优异成绩，比如考试成绩优异，比如在学科比赛或者体育艺术比赛中获奖等。

"双人物"评选表彰的一般程序分为以下三步。

第一步，本着公平民主的原则，每个小组民主推荐一至两个候选人。

第二步，由组长或者小组其他同学作为推荐人，在班级前进行宣传推介，然后全班同学投票表决确定最后的人选，这个过程其实是颁奖典礼的预热。

第三步，举行隆重的班级颁奖典礼。颁奖典礼的形式借鉴电视节目上的各种颁奖典礼。

"双人物"颁奖典礼要正式、隆重。

相对来说，年度人物的颁奖典礼规格更高，更隆重。以下介绍年度人物颁奖典礼的几个特点。

高朋满座 ◥

颁奖典礼上有主持人，有特邀嘉宾。我们会由策划宣传部的学生精心设计精美的邀请函，邀请学校领导、任课教师和家长代表前来参加颁奖典礼。主持人更是盛装亮相。

以下是我所带的新光班的"双人物"颁奖典礼邀请函的文字稿。

邀请函

尊敬的＿＿＿＿＿：

　　您好！

　　日月争辉，星光闪耀。我们诚邀您出席××学校新光班××年度"感动班级人物暨班级风云人物"颁奖典礼，一同见证新光班优秀学生的荣光时刻。

××中学新光班

××年×月×日

环节丰富 ◥

颁奖典礼上，我们会先在大屏幕上播放关于获奖学生先进事迹的PPT（或者短视频）；然后，由主持人宣读获奖学生的颁奖词；再请学校领导、任课教师上台给获奖学生颁奖；最后，获奖学生和学生家长以及颁奖嘉宾一起合影留念。当然，有时候，我们也会安排学生家长上台给自己的孩子颁奖。这是多么荣耀的时刻！好多次，我们看到家长和孩子一起站在台上，都激动得流下了眼泪，他们的情绪也感染了在场的人。

奖品定制 ◥

我们班的很多奖品都是定制的。作为班级最重要的奖项之一的"双人物"评选，自然要有"高大上"的定制奖品。我们会有定制的获奖证书，还有定制的奖杯。定制证书和奖杯都会印有班级 logo，具有鲜明的班级特色。

现场直播 ◥

后来，随着信息技术的发展，我们在班级家长微信群里对颁奖典礼进行视频同步直播。这样，让更多的家长一起参与班级活动，一起见证孩子们的成长。

立体展示 ◥

获奖学生的先进事迹会在班级微信公众号（以前是我的个人博客）上、班刊上或者以专题美篇的形式呈现。同时，我们会制作精美的海报，获奖人物形象照加上事迹文字介绍，在班级靠近走廊的外墙上展示。如此，每一个经过我班教室的学校领导、其他班级的师生，还有前来参观的客人都能一睹先进人物的风采。这对于获奖的学生是多么荣耀的事。

以下是我所带的班级"双人物"的颁奖词。

班级风云人物——SYY

当我们乘着英语学习的帆船驰骋在知识的海洋时，身边总会有一个经验丰富的水手在竭尽所能地领导着我们。这个人就是我们班的英语课代表——SYY。当我们在英语的世界里迷失方向，她会带领我们重新找到方向。她是一个尽职的好课代表，至少，她把自己应该做的事情都尽力完成。她也是老师的好助理，她会贴心地为老师服务。在一次又一次的英语测验中，她用一个又一个漂亮的100分，带领我们班全体同学冲锋陷阵。她一直在努力着，也一直在进步着。她想用更好的成绩去回击别人的质疑。

SYY，她是我们组、我们班的骄傲！

感动班级人物——CBY

她就像是一抹阳光，为我们消散心中的乌云。雨后的太阳依旧灿烂，那是因为她在散发自己的光芒。她的生活就是她闪耀的舞台，那璀璨的星光就是她生命成长的见证。我们还躺在被窝里时，她早早地起床，来分配这一天班级的任务；她任劳任怨，在我们已在食堂吃好饭时，她还辛勤地在食堂值勤；在同学犯错误时，她不顾情面地指出，并给予我们最有效的帮助；当我们有烦恼时，她会放下手头的一切，耐心地倾听，并给予最好的劝导。她那平凡的相貌下隐藏着一颗最善良最率真的心，她从不掩饰自己，一直以来展示自己最真实的一面。

她，就是感动班级人物——CBY。

以下是其中一位"双人物"获奖学生的感想。

感谢这份独特的荣誉

尽管从念小学以来，我获得了不少奖励，但像今天这样的获奖感受还是第一次体验到。

没想到，一次班级里的获奖，居然会如此隆重。我个人这一年的表现在大屏幕上展示；校长亲自为我颁奖，还和我一起合影留念；台下还有很多老师、家长和全班同学一起为我送上掌声。突然间，我有一种大明星的感觉。那一刻，我感到无比的光荣。

更没想到，我妈妈居然会出现在颁奖典礼的现场。她可是从很远的外地赶回来的！当妈妈走上讲台和我紧紧拥抱的那一刻，我流下了激动的眼泪。感谢班主任如此用心地送给我一个大大的惊喜。那一刻，我感到无比的幸福。

我知道我还有很多不足之处，但我会永远记得今天这个场景。将来，我要扬长避短，不断前行，不断进步，不辜负大家尤其是班主任对我的用心和厚爱。

小 P

×× 年 × 月 × 日

3. 表扬（奖励）之"豪华套餐"

一般来讲，后进生更难发现自己身上的优点或者值得表扬鼓励的地方，而后进生恰恰又最需要表扬鼓励，最需要被认可，最需要获得存在感。

有时候后进生身上的闪光点是稍纵即逝或者比较隐秘的，不像所谓的优秀生那样引人注目，这就需要老师有一双慧眼，及时去捕捉去发现。

捕捉闪光点 ◥

1. "千年等一回"。

要发现后进生的闪光点，需要等待，需要有足够的耐心，有时候甚至是"千年等一回。"因为有些后进生确实会连续不断地犯错误，会犯各种错误，会不断暴露自己的缺点。也许，在很长的时间内，后进生在各方面都会十分落后。但这个时候，就要考验老师的耐性。因为也许这位后进生的优点和进步会在下一秒不期而至。

下面讲个班级的故事。

我曾经中途接手一个班，有一个男生特别调皮，特别不安分。如果罗列一下，一般男生身上有的问题，似乎大多数都能在这个男生身上找到。比如，喜欢打架，上课经常开小差、说小话甚至发怪腔、顶撞老师，不按时完成作业，乱扔垃圾，等等。而且，他总是我行我素，屡教不改。说实话，我一两个星期观察下来，真的没在他身上找到什么明显的优点和值得表扬的地方。但是，我不断提醒自己，我必须有耐心。打个比喻，这如同钓鱼一样，等了一整天没有鱼上钩，也许就在你即将收钩的一刹那，一条大鱼上钩了。所以，我继续等待，等待他的高光时刻的到来。又过了大约两个星期，终于有一天，在我的语文课上，我们在讨论一个与一位诗人相关的历史问题，他居然举手发言了，而且还讲得头头是道。我欣喜若狂，激动不已，当即狠狠地表扬了他，并鼓动全班同学给他热烈鼓掌。原来，他对这段历史很感兴趣，从小曾听他的爷爷讲过这段历史。虽然，他的历史成绩也是全班倒数，他对历史课的大部分内容不感兴趣，但是，他对于这段历史却是情有独钟。因为这次表扬和鼓励，他受到了很大的触动，正如他后来跟我们说，这是他很长一段时间以来，第一次同时得到老师和同学的认可，而在此之前，他都是出于一种恶搞或者特别出格的言行，被少数与他趣味相投的同学追捧。整整一个多月的时间，终于等来一个后进生的高光时刻，过程虽艰辛，但结果美好。

2. "放大镜原理"。

前面讲到，对于后进生的优点和高光时刻，有时候是"千年等一回"。但是，换个角度思考，等待并非教育唯一的方式。所以，我们还要主动出击，扩大寻找发现后进生闪光点的范围——班里、校园里、家里、社会上。同时，还要带着"显微镜"和"放大镜"，不放过每一个细节，适时适度地放大后进生的优点和长处。

要发现后进生的闪光点，需要改变认知，需要用多元的认知角度，欣赏接纳不同的美，并且尽可能放低要求。何谓闪光点？是优异的学习成绩，还是日常表现中有突出的地方？这些对于一般的后进生来说，都是很难做到的。对于那些上学经常迟到的孩子，也许一次不迟到就是一个了不起的进步（我们要重点关注后进生的例外事件）；对于那些在学习和文体等方面一无所长的后进生来说，也许会做家务就是了不起的特长；对于那些经常在教室里追逐打闹或者做事情丢三落四的后进生来说，心地善良、有孝心就是了不起的优点……因此，我们老师应该有敏锐的感觉，借用物理学上的"放大镜原理"去刻意放大后进生的优点和长处，唯其如此，我们才更有可能找到鼓励表扬后进生的机会和理由。

表扬之"豪华套餐" ❧

当后进生在某一方面取得比较大的进步时，我们应该"不惜一切代价"，想尽一切办法，准备好"豪华套餐"，去全方位立体式表扬鼓励后进生，以此最大程度地让学生感觉到被关注、被认同，从而激活学生的热情。"千年等一回，终于等到你，那就狠狠表扬你！""豪华套餐"主要由以下三部分组成。

1. 表彰大会。

在我所带的班级，当后进生有明显进步或者有突出表现时，我们会郑重其事地为其举行表彰大会。既然是表彰大会，就不是轻描淡写地来几句口头表扬。我们会精心设计安排几个非常重要的环节，并提前做好充分的准备。

以下是给一位近期学习、纪律等方面有明显进步的学生举行的一次庆功会的案例。

整个庆功会分两大部分。

第一部分是"荣耀时刻"。第一步，主持人播放事先精心制作的PPT（PPT由班主任授意班级策划宣传部秘密完成），详细介绍今天受表彰的学生近期的表现，即先进事迹。有文字，有照片，有视频，可谓有图有真相，用事实说话，令人信服。第二步，先后请组长发言（或者受表彰学生的好朋友发言），班委发言，班主任发言，要求提前准备好发言稿，写在或者打印在红色的纸上（纸张必须是红色的，营造庄重而喜庆的氛围）。第三步，进行隆重的颁奖。由这位学生的小导师（一般由组长担任）或者曾经被表彰的学生担任颁奖嘉宾，给受表彰对象颁发证书和奖品。奖品由班主任或者家委会提供，一般由文具和各种食品组成，有时候会有老师和其他同学精心准备的特殊礼物，甚至是私人定制式的礼物。第四步，受表彰学生发表获奖感言。这么多年下来，很多受表彰的学生在这个环节感动得流泪。

然后进入第二部分——"普班同庆"。这个部分就是以受表彰学生的优秀表现为由头，组织全班同学开展几项游戏活动或者拓展性活动，以此进一步表达对受表彰学生的祝福和鼓励。翻扑克牌、障碍运球比赛等是我们班保留的游戏和拓展性活动项目。因为一个学生的进步或者优异表现，我们全班学生一起玩游戏，搞活动，"普班同庆"，这对于受表彰的学生来说，是多么光荣的事，这种鼓励的力量是非常强大的。这样做，还让这些受表彰的孩子和其他同学明白，一个人的进步和表现，会给这么多人带来愉悦。

这里需要说明的是，举行一次这么隆重的表彰会很不容易，需要耗费大量的时间和精力。因此，教师需要充分考虑必要性，并非所有后进生的每一次进步行为都需要如此郑重其事。要选择关键人物、关键节点。另外，可以将几个后进生的表彰大会合并在一起举行。但无论如何，态度必须明确，规格不能降低，效果一定要好。

2. 专题宣传。

有时候，为配合表彰活动，我们会刊出"×× 同学专版"或者"向 ×× 同学学习"专题黑板报，既作为活动的背景，又可以用另一种方式去宣传和表彰进步或者有突出表现的学生。黑板报图文并茂，介绍该学生的先进事迹，写上小组和其他同学的留言，以此表达对这位学生的祝福和赞美之意。

最近几年，随着网络信息技术的发展，我们突破了黑板报的时空限制，借用美篇、公众号等"新式武器"对后进生进行立体式表扬和鼓励。

可以想象，当整块黑板或者整个美篇都是关于一个学生的先进事迹，再加上一行行醒目的大字，一张张有创意的图片，学生的心灵必然受到很大的冲击。这种方式，比口头表扬几句，或者单纯地送个礼物，效果要好得多。

下面讲一个令我和全班学生终生难忘的故事。

"我要上普高"

大概十几年前，我接手一个毕业班。这个班里有一个男生叫小 Q，孩子品行不错，很有礼貌，劳动也很积极，是原先班级的劳动委员。但是，他有一个最大的缺点，那就是学习上很慵懒，几乎每一节课都会睡觉，号称班级的"睡神"。而经过调查了解，他上课睡觉的原因就是对学习不感兴趣。

小Q的学习成绩也是很"吓人"的，文理科相差巨大。数学、科学认真学的时候，可以达到班级的中等水平。语文和英语成绩居然都是全班垫底。因此，综合成绩也是排在班级靠后的位置。

对于这样一个让人"又爱又恨"的学生，我每天都在想着如何撬动他的内心，赶走他身上的懒虫和瞌睡虫。曾经因为他某一两节课或者某一两次考试的进步，当众表扬过他，但似乎是蜻蜓点水，起不到明显的效果。表扬过后，他照样在课堂上"想睡就睡"。

后来，我想到了一个办法。我决定，改变之前单一的表扬方式，抓住他进步的机会，给他送上一个全方位立体式的"豪华套餐"。有一次单元测验，他的科学成绩居然考到班级前十名，我听到这个消息，欣喜若狂，便特意为他策划组织了一次隆重的表彰大会。也许受到如此隆重的表彰仪式的感染，在他走上讲台，接受奖励的那一刻，他拳头紧握，狠狠地说了一句话："我要上普高！"这句话的意思就是他想考上普通高中。按照当时的招生政策和学校整体的普通高中上线率，小Q的成绩离普高线尚有不小的差距。但是，我强烈感觉到他说出那句话的那一刻，眼里发光，像一头被困笼子许久的狮子突然逃脱笼子一般。那么，想办法让这头狮子彻底觉醒爆发吧！

表彰大会结束后，我在思考，如何让表彰大会的这把火继续燃烧。想了一天，我终于想出了一招。我马上找来班长和班级策划宣传部的几个学生一起商量，为小Q同学出一期专题黑板报，主题就叫"我要上普高"。我们具体地讨论了这次黑板报刊出的形式和内容。后来，形成大致的框架："我要上普高"这几个字是核心和灵魂，安排在最显眼的位置，而且要求放大加粗，越醒目越好。其他主要内容包括小Q同学的先进事迹介绍（主要是他学习上的进步、爱劳动和劳动委员工作比较称职等方面），班主任、任课老师、小Q父母、班长和小Q好朋友加油鼓劲的话（其父母的话提前写好发给我，再由策划宣传部同学代写，其他全部由师生亲自书写），还有全班同学的签名助威，策划宣传部的同学还选了几句格言警句。

总之，十几年过去了，到现在我还清晰地记得那期黑板报的样子，还能强烈地感觉到那种视觉上的巨大冲击力，也还能清晰地记得小Q同学第一眼看到黑板报时发呆的神情。

那期黑板报保留了大概两个星期，而这两个星期，也是小Q同学实现彻底转变的两个星期。从此，他睡觉的次数越来越少，学习积极性越来越高。几个月后，他的数学、科学成绩上升到班级中上水平。语文、英语成绩也是慢慢地进步，上升到班级中下水平。大半年后的中考，他的各科总分超过当年普通高中录取分数线20多分，终于实现了"我要上普高"的"远大目标"，完成了看似不可能完成的任务。

这个励志故事，也成为校内广为流传的一段佳话。直到今天，那一届的搭班老师和学校很多同事都会偶尔在我面前提起那件事，都会为我当时"英明的决定"点赞叫好。而我，从此之后，将这种看似夸张的表扬鼓励方式沿用下来，去唤醒一个又一个"装睡的人"。

3.登门报喜。

当学生有明显进步或者取得突出成绩的时候，我们可以通过短信、微信和红色的纸质表扬信告知家长。家长和孩子一起分享喜悦，从而使受表扬的孩子在家人面前赢得更多的信任和尊重。同时，可以根据需要和具体情况，带着表扬信和奖品礼物，登门报喜。当老师将鲜红的表扬信和各种奖品礼物当着家长的面交给孩子的时候，家长和孩子同时处于一个强大的能量场中，这种场面所产生的感染力和震撼力往往是非常强大的。我曾经多次在学生的家里见证了家长和孩子热泪盈眶、深情相拥的场景。

当然，这登的门不一定是孩子家里的门，也可以是家长单位的门，办公室的门。我十分喜欢到家长的单位去送喜报。可以想象，当班主任当着家长单位同事的面，将表扬信或者奖状，还有奖品礼物送给家长时，这样的场面是多么的有意义。此时此地此景，作为受表扬奖励的孩子的家长，其幸福感和自豪感会倍增，和班主任的关系一定也会亲近很多。

4. 表扬（奖励）之私人定制

私人定制的东西，往往独一无二，不可复制，因此更具价值。对学生表扬奖励也可以尝试采用私人定制，这样的方式，学生更喜欢，受到的触动也更大，效果自然也更好。

物质层面的私人定制 ◥

我们可以个性化定制一些物品，比如定制奖杯、茶杯、文具、书签、玩偶等作为奖品，送给学生。这样的奖品更显得珍贵。在这些奖品上印上具体的奖项，比如"学习进步奖"等，再印上老师或者同学写的赠言，有了附加值，奖品就变得特别有意义。

私人定制，必须突出个性化和特殊性。我们可以要求商家在定制的奖杯、茶杯、文具、书签、玩偶上刻上奖项的具体内容（玩偶上可以挂一张卡片），以此明示获奖的理由，见证特殊的荣誉。而更能显示"定制"特质的，是加刻上一句话、一个图案。当然，像茶杯、书签等可利用的空间比较大的奖品，有时候我们还会刻上一首诗、一段话。加刻的文字或者图案，可以是获奖学生平时喜欢的文字或者图案，也可以是老师或者获奖学生的好朋友甚至家长原创的文字或者图案。这样的奖品，学生一定特别喜欢、特别珍惜。

我们还可以把学生的作品加上精美的包装进行定制。比如，学生创作得特别好的书画作品或者特别有内涵的原创格言甚至学生在谈话本中出现的一些有深刻感悟的话，可以让学生抄在大尺寸、质感好的纸张上，我们负责将其装裱起来，挂在教室里，或者让学生带回家，挂在客厅或者书房卧室的墙壁上，这是一份多么独特而有价值的奖励。

我们还可以根据学生的独特爱好，定制一份学生特别感兴趣的或特别想得到的礼物给学生。比如，有学生喜欢足球，我们请当地知名的足球教练或者运动员在足球或者运动服等其他相关足球文化产品上签名留言，将此作为奖品。有学生喜欢阅读，可以想办法买到有作者签名的书奖励给学生（以上两种做法，需要老师平时有一定的人脉关系和社会资源，量力而行即可）。可以想象，当学生面对这些特殊的奖品时，他是多么兴奋和感动。

精神层面的私人定制 ◥

马斯洛的需求理论认为，精神层面的认可，是一个人最高的追求。对于那些在某个方面有突出表现的学生，可以突破常规，根据学生的具体表现，"巧立名目"，给予特殊的命名式表扬奖励，这是专属某一位学生不可复制的表扬奖励，是精神层面的私人定制，让学生获得被充分认可的精神满足。具体说来，命名式表扬奖励分为三种类型。

第一类，以某种方法（技能）命名。

当某个学生或者某个团队（小组）在某个方面或者某件事情上以某种特殊的方法策略，取得突出的成绩，并且产生较为深远的影响，我们可以用给这种方法策略命名的方式，给予表扬奖励。至于命名方式，可以直接以学生或者团队的名字命名，也可以某一种具体方法的名称命名。

比如，有学生发明了一种独特的擦玻璃的方法，我们就把这种方法命名为"××式擦玻璃"（××可以为学生的名字，或者具体的方法名称，以下类同）。比如，有学生在某一门学科上发现了一种独特的解题或者识记的方法，我们就把这种方法命名为"××解题法"或者"××式记忆法"。再比如，有学生在时间管理上做得特别周密、精细，能科学合理地利用时间，我们就把这种做法命名为"××时间管理法"。

有一年带初三的时候，因为学校食堂改造，需要排队就餐，班级里最好学的同学小L总是一边排队，一边低头看书或者做作业，充分利用时间。后来受小L同学的影响，班里其他几个同学也开始一边排队一边学习。我看到了，就在想，马上大考了，时间紧迫，为了鼓励更多的学生充分利用边角料时间，我在班里颁发了一项特殊的奖励——"小L式排队"，号召大家向小L同学学习。这一项奖励带动了更多的学生加入到"边排队，边学习"的队伍中来。从此，一边排队，一边学习，成为校园一道亮丽的风景线。

当学生某方面有一种特殊的能力和潜质时，我们也可以给予其独特的命名式奖励。比如，曾经有一个女生，学习成绩比较落后，做事速度又特别慢，有时候难免会受到同学嫌弃。有一次，我发现她在一篇随笔里居然说自己很喜欢法国电影，甚至喜欢看法语原声电影，我感到十分诧异：这在我们班一定是独一无二的特殊的爱好和能力！于是，我给她颁发了一项专属于她的私人定制奖励："最懂法国浪漫天才奖"。一张证书、一点小零食、一本法国作家的书，这样的专属奖励，对一个后进生而言，是一种莫大的鼓励。"最像梅西奖""最懂豪放词派奖""最具表演潜质奖""最具哲学风范奖""爱因斯坦式人物奖"，等等，这些一听名字就那么了不起的私人定制奖励，都是我颁发给学生的。

第二类，以某个时间（日期）命名。

当某个学生或者某个团队（小组）在某一时间段或者某一天完成了一项特别重要的任务，或者取得特别重大的成绩，并且产生较为深远的影响，我们就可以把这一天命名为"××日"（××为与所完成任务或所取得成绩有关的内容，或者某个学生某个团队的名字），给予表扬奖励。

比如，有学生参加省市级的学科竞赛获得奖励，难度较高，我们便把这一天命名为"××日"（××为该学生的名字），每月的这一天，举行小型的纪念活动，鼓励大家向这位同学学习，勤于钻研，勇攀高峰。再比如，有学生助人为乐，为班级做好事，影响较大的，我们便把这一天命名为"××日"（××

为该学生的名字），每月的这一天，也举行小型的纪念活动，宣传和发扬学生的这种精神品质。下面讲两个发生在班级里的故事。

故事一：有一天，下午放学时还是阳光灿烂，到了晚上却风雨大作，住在学校附近的小 Y 同学赶在老师到校之前来到学校，及时将教室门窗全部关好，将部分被淋湿的靠近窗口位置的书桌和书本擦干，避免了一场"灾难"。事后，我和学生们都很感激和钦佩小 Y 同学，尽管她学习成绩一般，也不是什么特长生，但她的善良深深地打动了我们。为此，经过班委会讨论后，我们决定将这一天定为"小 Y 日"，每月的这一天举行纪念活动，宣传和发扬小 Y 同学关心集体、乐于助人的品质。

故事二：有一年，我在初三的时候接手一个班级。那时，马上要举行学校田径运动会了，向来很重视运动会等学校活动的我，想抓住这次机会，激发全班同学的斗志，增强班级凝聚力，重树团队自信。据了解，班级在前两年的运动会上的成绩是倒数第二和倒数第一。我和几位班委充分商议，认真筹划，组织运动员积极备战。比赛的日子到了，我们以前所未有的热情投入比赛。运动员们在赛场上奋力拼搏，"分分必争"；全班同学在一旁加油鼓劲，并认真细致地做好后勤服务工作，"事事精细"。最后取得了年级第三名的好成绩（全年级共 12 个班），并且获得精神文明奖。我们完成了似乎不可能完成的任务，取得了似乎不可思议的成绩，全班同学欣喜若狂，空前团结。这一天是这个月的 10日，我和班委会商量决定，把每个月的这一天定为"胜利日"，以此作为献给全班同学尤其是运动队所有队员最好的奖励。每个月的这一天，我们都以各种方式举行纪念和庆祝活动，激发自信和斗志，迎接新的挑战。

第三类，以某个地方（区域）命名。

除了以上两类精神层面的命名式表扬奖励外，还有一种方式也可以适当运用。当某个学生所负责的某个区域的工作做得十分出色，影响较为深远，就可以对这个地方区域进行特殊的命名，以示表扬和奖励。

比如，有学生负责的卫生包干区工作极度认真，工作成果喜人，我们可以将这个地方命名为"卫生示范区"。比如，有几个坐在附近的学生学习特别认真刻苦，我们将教室的这个小区域命名为"学习示范区"。学生们纷纷到这个区域沾沾"仙气"，耳濡目染，这个区域在不知不觉中慢慢扩大。再比如，有学生卫生保持做得非常好，书桌整理得特别干净，我们就把这位学生的书桌命名为"最美书桌"。

总之，无论是物质层面还是精神层面，类似于私人定制的表扬奖励的方式方法有很多。在必要的时候，我们可以充分考虑学生的兴趣爱好，与时俱进，不断创新，让表扬鼓励深入人心，令人难忘。

5. 个人作品（成果）展 和个人专栏

　　个人作品（成果）展和个人专栏本质是一样的，都是为学生分享展示自己某一方面的优秀作品和学习成果创设专属的机会，搭建专属的平台。而其不同之处在于具体的形式和操作模式。

　　这里特别指出，个人作品（成果）展和个人专栏跟一般形式上的学生作品（成果）展示活动的最大区别，就在于前两者突出"个体性"和"专属性"，后者体现"全员性"和"一般性"。后者一般是在用于班级展示的文化墙某一区域或者在班刊、班级微信公众号等媒介上，进行集体展示。比如各种主题的手抄报展、书画展，比如英语书写优秀作品展、优秀作文展等与学科相关的优秀作品展示等。这些活动，一般都会全员或者部分参与，教师挑选其中的优秀作品进行展示。而前两者的每次活动，都只是面向学生个体（一般是一个，有时候可以是两个或者小团体）。比如，"××同学个人绘本展""××同学摄影展""××同学寒假社会实践活动成果展"。至于个人专栏，就是为某位同学（或者几位）在班刊或者班级微信公众号上开辟专栏，定时陆续分享其相关作品或者学习成果。比如，班级刊物"××同学诗文专栏"、班级微信公众号"××同学漫画专栏"等。

　　为什么要设置个人作品（成果）展与个人专栏这样的活动？其意义何在？

　　总的来说，这样做可以充分展示学生特长风采，放大优势潜能，聚集更多的能量，从而产生教育中的放大镜效应。

　　将学生的作品（成果）在暂时或者长期属于他的区域空间里集中分享展示，就是要放大学生在某一方面或者某一项活动中超出或者不同于一般人的优势长处，聚集所有人的关注目光。这对于学生自信心和自我价值感的提升是极为有效的。试想，有那么一两个星期，在教室文化墙很大的展示区块上，集中展示学生某一方面的作品或者学习成果，满眼看去都是某一位学生的作品，这是多么震撼、多么令人自豪的一种场景。有时候，我们还可以把学生的作品贴在教室靠近走廊的玻璃窗上或者外墙上。这样，学校领导、学校其他班级的老师和学生，包括前来参观的客人，都能欣赏到这名学生的作品，这是更令人骄傲和兴奋的场面了。同样的，学生的作品或者学习成果在班刊或者班级微信公众号上的专栏展示出来，比起前面的展示分享，其读者又会呈几何级地增长。当然，现在科技这么发达，我们自然要充分利用各种资源、各种技术，所以，我们还经常会对在教室内外展示的作品进行拍照，及时上传至班级家长微信群或者班级微信公众号，同步进行分享展示。

　　总之，与一般的分享展示活动相比，这样做赋予学生的能量一定会更多。实践证明，很多在我们班的个人作品（成果）展上分享展示过的学生，或者在我们的班级刊物、班级微信公众号上开辟过专栏的学生都会对这样的经历念念不忘。这样的"专属式"分享展示，甚至改变了不少学生的学习态度乃至人生态度。以下是其中一名曾经获得个人作品展机会的学生在升入高中之后写的一篇文章。

改变我人生态度的个人绘本展

　　永远都不会忘记我念初二时的那一天，我的绘本作品在班级里以个人专题的形式公开展示！

　　老祁，总是给我们不断制造惊喜和感动。他发现我课间喜欢一个人坐在座位上画画，或者写文章，有时候还喜欢在画册上画绘本，所以不止一次地用眼神鼓励我，或者拍拍我的肩膀说："不错，不错。"有时候，还会送给我一支笔。这是我以前从未有过的待遇。后来有一天，老祁把我叫到办公室，跟我说："跟你商量一下，这次学校要进行教室美化评比，我想到一个主意，把你的绘本作品挑选几张，张贴在教室靠近走廊的玻璃上，这一定会是我们班的一个亮点。"我记得当时有种受宠若惊的感觉，脸红红的，过了好一会儿，我才说："我行吗？"老祁说："你完全可以的！"我这才点点头说："好的！"

几天后，我的以"秋天的叶子"为主题的童话绘本在教室的玻璃窗上展出了！看着负责宣传的几位同学将我的绘本一张一张地往玻璃窗上贴，我的心怦怦直跳。终于全部贴完了，偌大的玻璃窗，被我的作品"填满"，这是多么的醒目啊！后来好长一段时间，我成了班级甚至年级的焦点。班级同学课间的时候，经常会聚在玻璃窗边，欣赏、讨论我的作品。而智慧的老祁更是做了一件让我和全班同学都崇拜不已的事：考虑到玻璃是透明的，我的作品正反面互换，教室外走廊上的人和教室里的人都有机会很清晰地看到我的作品。实在是高手中的高手！当其他班级的老师或者学校领导，还有学生在教室外的走廊上经过时，他们经常会在我们的窗口驻足欣赏我的作品。那些时刻，我内心的感受无法形容。久而久之，我也成了年级的"名人"。

那一次绘本作品个人展出，让我产生了前所未有的信心，对待学习和生活，更加积极乐观。原本内向的我，也开始慢慢学着和老师、同学主动交流。也因此，我对语文这门课尤其是作文越来越感兴趣。到了高中，语文更是成为最能体现我存在感的一门课，我也积极加入了学校文学社，成为骨干社员。每当提笔写文章，或者创作绘本时，我都会想起那一扇扇玻璃窗，想起曾经的那段美好的时光，想起可亲可敬的老祁。

可以说，那次个人绘本展，改变了我的人生态度。

当然，在具体实施过程中，要特别注意处理好突出个体和关注全体的关系，控制开展活动的时间和频次。

我们要尽可能让更多的学生获得"专属"分享展示的机会。尤其是关注那些在学习上表现一般甚至很落后，却有一技之长的学生，挖掘他们的优势潜能。

但是，无论从理论还是实践角度看，"专属"分享展示的机会平等地摆在每一个学生面前（尽可能鼓励每一个学生积极主动地申请个人作品展或者开辟专栏），但最终能享受"专属"权利的只能是一部分学生，因为总有一部分学生是不愿意或者真的不具备这个条件。如果专享、专栏的受众对象太宽泛了，其特殊性、专属性就大打折扣。而在实践中，尽管班级文化墙展示区域的分享展示内容可以及时更换，班刊尤其是班级微信公众号的可利用空间很大，但是，由于学生还有学习等任务，老师也都很忙，很难有太多的时间和精力去打理这些专属空间，所以，真正可以利用的空间就会"缩水"很多。我们班级的这些展示的平台和机会要更多地留给班级绝大多数学生甚至每一个学生。遇到需要分享展示的时间节点，要优先安排班级集体分享展示。基于以上的分析，我们要合理安排个人分享展示的时间和频次，当个体需求和集体需求产生矛盾时，应该优先让位于后者。

6. 组建学科学习研究院

提高班级学生的学习成绩是班主任在班级管理和建设过程中需要重点关注的一个目标任务。学习成绩的提高主要是依靠学生自己的努力，需要学生产生持续的学习内驱力。当然，凡事除了主观因素之外，还有环境等客观因素。如何发挥班集体的作用，发挥同伴的作用，助力学生的个体学习？

在我的班级管理实践中，组建学科学习研究院、实施小组合作学习是助力学生个体学习的两个重要策略。这里重点介绍学科学习研究院。

所谓学科学习研究院，就是每个学科确定若干学习带头人，各科学习带头人组成本学科的学习小团体——学习研究院。所有的学科带头人也自然成为研究院的"研究员"，在此基础上选出几位最优秀的担任"小院士"。

成立学习研究院主要有以下几个方面的意义。

极大地增强了研究院"院士"和"研究员"的自信心与责任感 ◥

在我们国家，院士是至高无上的学术权威，研究员也是具有较高学术地位的学术精英。为了激励班级学生在学习上积极向上，勇当学习精英，我们也学习借鉴了国家的做法。我们通过任课老师推荐、学生自荐和全班同学推选，综合评定，每学科选出 8~10 名"研究员"，在此基础上再选出 3~5 名"小院士"。我们根据实际情况，每学期进行考核，不合格的，辞去原来的职务；还可以根据需要，定期增选"小院士"和"研究员"。我们会举行隆重的仪式，颁发证书。如此，这些当选的"院士"和"研究员"得到了最高的礼遇和最可靠的信任，可以想见，他们一定会有一种满满的自豪感和使命感。正如一位"小院士"在自己的成长日记里写道："今天，我光荣地当选为班级科学学习研究院的首批'小院士'。我知道'院士'两个字意味着什么。未来我一定会全力以赴学好科学这门课，并在力所能及的范围内，帮助班级更多的同学学好科学，共同进步。感谢大家的信任！"

有了这么多"小院士"和"研究员"的榜样力量，班级学习氛围一定会更加浓厚。

研究攻克本学科的学习难题，形成班级集体学习经验 ◥

最理想、最有效的学习方式是学生自主学习。我们成立由各科学习尖子即学习带头人组成的学习研究院，其重要的任务之一，就是由研究院的"小院士"和"研究员"带头攻克本学科学习上遇到的难题，形成学习经验和方法，并向全班推广。我们会请任课教师定期给研究院的"小院士"和"研究员"一定量的研究任务，主要是一些学习方法策略的反思、总结和难题的突破。

"小院士"和"研究员"们有了特殊的身份和任务，还有团队的协作机制，他们学习研究的热情很容易被点燃。因此，往往会出现意想不到的学习成果。

我们建议每科任课教师安排时间，定期举行研究院研究成果分享展示，以此显示他们的独特价值，并使全班同学更好地分享这些研究人员的研究学习成果。

师徒结对，全班同学共同成长 ◥

为更好地发挥学习研究院的"小院士"和"研究员"的作用，我们实施学习帮扶计划，即师徒结对，由"小院士"和"研究员"担任导师。考虑到学习对于学生个体和班级整体的特殊重要性，我们把这项工作称为"一号工程"。

师徒结对的操作方式一般采用双向选择：导师可以选择学员，学员也可以选择导师。这里还有一项特殊规定：同小组的成员之间，导师和学员之间有优先选择权。这样操作，也是为了凸显小组合作的重要性。

对于师徒结对，我们十分重视，用隆重的仪式和规范的制度推进这项工作。在师徒结对仪式上，我们会给导师颁发聘书。导师和学员签订学习互助协议。后续我们再对师徒结对的实施开展情况进行动态测评。每学期进行总结，评选优秀导师和学员，并予以表彰和奖励。

7. 小帮手，有讲究

我相信，大多数老师都有请学生帮忙做事的经历，身边都有几个贴心的小帮手。比如，请学生帮忙拿东西、打扫卫生、传话叫人，等等。老师们之所以喜欢让学生帮忙做事，一是想与学生拉近关系，二是自己想"偷个懒"。而我一直在想，能否让这些小帮手在帮忙的过程中，得到更多更好的锻炼？能否赋予这些司空见惯的行为以新的丰富的内涵？在不断地思考和实践中，我获得了一些灵感，积累了一些经验。

请学生做义务打字员 ◥

我曾经请学生做义务打字员，帮我准备文章或者其他资料的电子稿。

因为我打字速度比较慢，而随着电子产品的普及，班级里打字速度快的不在少数，尤其是一些读书成绩一般，或者总体表现一般甚至比较调皮捣蛋的学生，很多人都是玩电脑、玩手机的高手，打字速度很快。所以，我偶尔会请这些学生出手相助，帮我把文章（主要指教育教学专业文章）打成电子稿，以此提高我的工作效率（这样做有时候是因为自己比较忙，借学生课间、周末或者节假日时间为我助力，更多的是故意给学生提供锻炼的机会）。而且，有时候，我会把与这位学生的成长经历类似的故事写进文章里，作为案例，让学生帮忙打字。当学生边打字边发现故事里的那个"自己"时（当然，最后的结局都是正面的，是成功的教育案例），往往会有特别的触动，有的也会略带羞涩地主动跟我说起此事。

我也会请学生帮我把班级管理方面的材料打成电子稿。我有一张每周都要完成的表格，那就是《班主任工作自我评价表》。根据我一贯的做法，班级学生表现不好，自我评价过低，我会进行自我惩罚。我很喜欢请班级中那些平时表现不太好的学生帮忙输入这张表格里的数据。当学生在输入数据时，发现因为自己的糟糕表现，使得老师的评价表里出现了"扣分"时，他们往往会觉得不好意思，甚至产生自责。

有一次，我请两位近阶段各方面表现不好、惹事不少的学生到办公室，坐在我的座位上，帮我输入上一周的自我评价表的相关数据。我正从教室回来要推开办公室的门，听到这两位学生说话声音很大。他们在"互怼"，说因为对方的表现糟糕，害得班主任自我评价这么低，还要自己惩罚自己。我手握着门把手，停留在原地，听完了这两位学生争吵的全过程。我什么也没说，什么也没做，我知道，就这样，结果已经很好。

在这些场域里，学生的自省意识会特别强烈，教育熏染的效果会特别好。

当然，我也会故意在文稿里写几个错别字，或者几处明显的语病。当学生在打字过程中，发现我留下的错误时，内心自豪感和存在感会油然而生。当学生指出错误时，我会承认自己真的写错了。偶尔的、个别的错误，不影响老师在学生心目中的形象，而对学生而言，却有机会得到最好的价值肯定。

请学生帮忙制作 PPT 或者小视频等 ❮

我的电脑技术也很一般。而一个班里，总有一些电脑玩得溜的大神。有时候，我的一些公开课、外出讲座的 PPT，或者美篇、动态小视频，在制作过程中遇到一些卡脖子的技术难题，我会请班里的大神出手帮忙。当然，与前面帮忙打字一样，我会在这些高手中选择最合适的人选。

学生在帮忙的过程中，发挥出他们在电脑技术方面的特长，使我的 PPT 或者视频作品变得更加精美，他们学习之外的价值得到体现。而且，学生在帮忙的过程中，也体验到我作为语文老师和班主任的工作，感受到一名老师的艰辛，还通过 PPT 或者视频作品的内容，了解了我的教育教学思想策略。如此，他们对于老师会多一份了解，多一份理解，多一份亲近。

请学生帮忙设计自己的生活空间，绘制出行路线 ◥

我还会请在设计、绘画方面有一技之长的学生组成一个小小的设计团队，帮着设计我的宿舍或者办公室。

我这个人空间设计感很弱，绘画水平更是很"菜"，所以，我会充分利用身边的免费资源，就我的宿舍或者办公室（大多数情况下，我是和好几个同组的老师一起在同一间办公室办公的。说是办公室，其实就是属于我个人的那个办公区域）的布置摆设进行设计。宿舍和办公室这样小范围的空间设计，小设计师们完全可以胜任。小设计师们实地考察之后，再与我交流，了解我的日常需求，并结合我的性格气质，给我画出设计图纸。然后再次交流，最后确定设计方案，我再根据他们的设计进行"装修"。这么多年来，我的办公室区域和寝室总是美美的。

我刚调入新的城市工作的那段日子，因为对周边的地理环境不太熟悉，曾经请班级绘画水平很高的一位女生帮我设计了一张学校周边出行示意图。这位女生根据我的工作性质和日常生活需求，帮我手工绘制出一张极为精美而实用的出行示意图。这位女生很细腻，提前对周围的环境和我的兴趣爱好做了不少功课。除了超市、餐厅等生活设施之外，咖啡馆、书店、图书馆、展览馆等这些文化人喜欢去的地方她用特别的记号一一标注，让我充分感受到一份陌生城市的暖意。这张设计精巧、制作精美的"生活宝典"，我一直收藏着。

以一种特殊的方式，让班级的学生融入我的生活，为我的生活添彩助力，这样，学生的一技之长在特殊的场景里得到显现和发挥。而且，适度走进老师的生活，融入老师的生活，也可以拉近师生之间的情感距离。

总之，小帮手，有讲究。这么多年来，很多学生成了我的特聘（又叫"御用"）设计师、特聘电脑技术私人顾问、特聘画师等。请学生做自己的帮手，不仅仅是帮助自己做事，这里面蕴藏着很多教育契机。所以，请学生帮助，更多的不是随性而为，而是有所选择，把握好合适的时机。当然，考虑到学生的精力有限，我们不能本末倒置，不能大量挤占学生的时间为自己服务，要把握好合适的尺度。

高效能带班策略

第六辑

明确边界，
深度融合

——提高家校
合作的效能

· · · · · · · · · · · · ·

对于家校合作，我们需要转变认知。在明确责任边界的基础上，积极创造机会、搭建平台，实现深度融合，构建新型有效的家校合作关系——班级发展共同体。健康而亲密的家校关系，是助推班级发展和学生个体成长的重要因素。

1. 家长是谁？

家长是谁？对于家长身份角色的定位，我们需要转变观念，重新认知。家长不只是学生的父母或者其他长辈，家长还是班级发展的志愿者、助力者和建设者，是班级发展共同体建设的重要参与者之一。

今天，我们特别强调家校的责任边界。上级部门也多次提出，要明确学校与家长的责任边界，给家长减负，并对此提出了诸多的具体要求。那么，作为班主任，我们是否因此被这样那样的规定绑住了手脚？我们不能因噎废食，不能因为有边界有规定就对家校合作产生恐惧心理。相反，在明确彼此责任边界的基础上，重新定位、科学规划，建立健康的新型的家校合作关系，提升家校合作的有效性。

我们可以变强制和规定为自愿。

我们没有权利强制要求家长为班级做事情，我们千万不要越界，这是原则和底线。但是我们可以营造良好的家校合作氛围，激发家长参与班级建设的积极性和主动性。

我们给予家长积极的心理暗示：家长和教师是战略合作伙伴，我们都是班级发展共同体的一员。你对班级的建设和发展很重要，我们需要你，需要你的配合，需要你的参与，需要你的助力。如此，家长便会更加积极主动地参与班级管理与建设。

2. 打造高效能的家委会

现如今，家委会几乎已经成为每个班级的标配，但是家委会的生态状况千差万别，发挥的作用也是完全不一样。如何打造一支优秀的高效能的家委会队伍？如何充分发挥家委会的功能？这是班主任需要重点思考的问题。

明确对家委会功能的认知 ◥

班级家委会作为全班家长群体的组织领导机构和代言人，在家校共建中起着非常重要的作用，是班级发展共同体体系构建的重要组成部分，是家长与教师联系的桥梁和纽带。重视家委会建设，加强对家委会干部的培养，有利于更好地发挥家委会的作用，从而更好地促进学生成长，助推班级发展。

形成健全的家委会组织架构 ◥

健全组织架构，是一个团体发挥其价值功能的前提和基础。根据家委会机构运行的需要，我们明确了会长负责制，下设七个平行的职能部门，职责分明，分工合作。每个部门设立部长（秘书长）1 名，并根据实际需要配置干事 1~3 名。

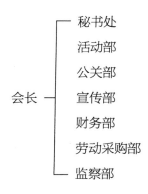

会长的职能：全面负责家委会工作。（如有必要，可设 1 名副会长）

1. 秘书处：负责家委会的通知接发、档案和相关材料管理、内务管理以及各职能部门的协调联系等。

2. 活动部：负责家委会相关活动的策划组织实施。在班级家校共育课程体系中，家委会负责协助班级或者主导开展一系列丰富多彩的共育活动，促进学生的个性化成长。家委会活动部就是这项工作的具体负责和实施部门。活动部负责与家委会相关部门协商，制订活动方案，并组织实施。在本人所带的班级中，家委会活动部主导或者参与组织开展了一系列以促进学生成长，助推班级发展为目标的丰富多彩的亲子共育活动。

3. 公关部：负责对外联络、社会资源的开发。班级开展活动离不开社会资源的支持，家委会的参与，极大地拓宽了开发社会资源的渠道。比如班级开展社会实践活动，需要提供场地的，家委会公关部可以出面联系。

4. 宣传部：负责借助班级家长微信群、微信公众号、班刊等平台，对班级和家委会相关的工作以及活动信息进行宣传报道。为更好地展示家委会相关工作尤其是家委会组织的活动过程和成果，塑造家委会和班级良好的形象，家委会宣传部及时在班级家长微信群、微信公众号上发布相关信息。同时，每一次大型的亲子共育活动，宣传部都会形成文字，并以动态美篇或者静态图文的形式在班级家长微信群、微信公众号或者班刊上展示分享。

5. 财务部：负责班级活动经费的管理。对于班会费和班级其他经费的收支管理，由财务部全面负责。这样，一来班主任可以避嫌避险；二来由专人负责，管理的效果会更好。

6.劳动采购部：负责班级物资的采购和后勤保障。在所有部门中，劳动采购部最辛苦。班级要举行活动，或者要添置物品，均由劳动采购部负责完成相关物品的采购工作，如有必要，负责送到教室，并指导学生进行物品分发，甚至参与班级布置。

7.监察部：负责对家委会工作和班主任工作的监督，负责收集反馈家委会和其他家长对班级工作的意见和建议。

家委会的产生与亮相 ◥

家委会是如何产生的？这不是随便指定几个家长成为家委那么简单。在我们班，有一套相对完整而合理的家委会产生的程序。如何亮相？这也不是在家长微信群里宣布名字那么简单。

第一步，物色家委。

我们班会在给新生家长的信或者微信群里，发出招募公告，主要内容包括宣传家委会的重要性，家委会的岗位设置和相应工作，对家委会工作的职责要求等。然后，家长自愿报名。与此同时，我也会主动了解物色合适的人选。两者相结合，这样选出来的家委会执行力更强。

第二步，成立家委会。

我会对自愿报名的人员和我自己物色的人选进行充分地了解、分析，然后确定最后家委会的名单。原则上，报名的一般都会入选家委会，毕竟家长的积极性不能打击，而且家委会这么多岗位，总有适合的。所以，我们班的家委会相对于一般的班级队伍更庞大。人多力量大，只要氛围好，管理得力，豪华配置没问题。我经常会鼓励家委会，给予家长积极的正面暗示。我喜欢叫我们班的家委会为"地表最强家委会"。

第三步，首会破冰。

班主任请全体家委会成员喝茶，召开第一次全体家委会会议。第一次见面主要有三个目的：一是破冰行动，彼此相互认识，营造良好的团队氛围；二是明确每一个部门的责任分工；三是对班级的未来发展和家委会如何更好地发挥作用进行讨论。

第四步，隆重亮相。

选择合适的时间，在微信群举行正式而隆重的线上就职仪式。班主任亲自主持，隆重介绍，出示家委会第一次见面会的合影照，全体家委会成员集体亮相，会长和各部部长在群里做表态发言。这样高规格的仪式可以提升家委会全体成员的荣誉感和使命感。

家委会的运行和管理 ◥

班级家委会的运行一般是相对独立的，但也要密切关注，适时指导督促，确保家委会正常开展工作。因此，我们一般一学期召开一次线下家委会会议。如果条件不具备或者有其他原因，可以安排线上家委会会议，及时交流沟通，以便更好地发挥家委会的功能。为了更好地培养家委会成员，提升他们的工作能力，我会邀请上一届的家委会核心成员临时加入这一届家委会的微信群，或者到家委会会议的现场，分享工作经验，指导新家委开展工作。如此以老带新，及时互助，也是传承。

3. 家校共育，促进成长

　　班级活动有了家长的参与，便会增色不少。而班级开展亲子活动，更是离不开家长的参与。其实，只要积极创造机会，家长参与班级活动的方式和途径就有很多。

　　我们会在班级一些重要的活动或者仪式上，邀请部分或者全体家长参与。比如，班级"双人物"颁奖典礼（年度），本年度当选的学生的家长都会收到邀请函，邀请这些家长来到现场，见证孩子成长的光辉瞬间。再比如，班级举行节日庆典时，我们会邀请家长参与，为活动捧场。或当普通观众，欣赏孩子们的精彩表演，或担任表扬嘉宾，为活动添彩。还比如，"班级小讲堂"活动，我们可以邀请在某个领域有研究的家长担任主讲嘉宾，进行分享；班级"达人秀"活动，我们可以邀请在才艺方面有专长的家长担任表演嘉宾，为活动助兴。家长的参与使得活动的气氛更加热烈，也拓宽了活动的形式。家长参与分享表演，使得孩子们有机会一睹家长的风采；家长参与活动，使得家长深入班级，更真切全面地了解班级和孩子们的状况。

　　亲子活动的顺利举行，更离不开家长。我们每一次亲子活动，都请家委会牵头策划并组织实施。亲子活动的成功与否，很重要的一项指标便是家长的参与度。我们希望每一次亲子活动，需要参与的家长都尽可能到场。

　　亲子活动的意义不仅仅是家长和孩子一起参加活动，我们可以把亲子活动升级为"家校合作学习共同体"，以"促进孩子健康成长"为共同的育人目标，以"合作共享"为宗旨，以"共育、共生"为支撑，促使家校合作成为一种优势互补、共同成长的合作文化的载体，成为一种更为有效的双向教育，从而使家庭教育与学校教育形成一个有机的活动系统。

基于亲子活动的家校共育主要有以下三种方式。

亲子共读 ◥

亲子共读是构建学习共同体、实现家校共育的重要途径。有效的亲子共读能够激发学生的阅读兴趣，促进学生认知、情感、社会交往等方面的发展；还可有效增进家长与孩子之间的情感交流，使彼此产生更多情感共鸣，从而有利于良好亲子关系的建立，实现共同成长。近几年，我们每年不间断地组织全班学生和家长开展"一学期亲子共读一本书"活动。

1. 共读书目的选定。

选定书目是开展亲子共读的第一步。我每年都会综合考虑学生和家长的阅读经验以及阅读水平，还有阅读的价值，选定2~3本书，供每个家庭选择。每个家庭每学期共读一本书。阅读书目主要有《论语注释》《孟子注释》《大学中庸读本》《小王子》，还有莎士比亚的经典剧作等。

2. 共读过程记录。

共读期间，鼓励家长和孩子做批注，要求每个家长和孩子准备专用的笔记本，写读书笔记和读后感（或者直接形成电子文稿），并鼓励他们进行亲子阅读交流，一起讨论阅读的疑惑和收获。

3. 共读成果分享展示。

每学期期末，会举行阅读成果展示，班级搭建线下和线上分享展示平台。线下分享展示主要通过家长会进行。线上，则利用班级微信公众号、家长微信群和班刊，分享家长和学生在亲子共读中的感悟和体会。

（1）家长会共读分享。

在班级举行家长会期间，可以安排一个环节，由家长代表分享亲子共读的成果。家长借助PPT，以图片、文字或者动态视频短片的形式分享阅读体验和成果。

（2）开辟"亲子共读"专栏。

为了营造一种良好的氛围，激活家长和孩子参与亲子共读的能量场，可以在班级微信公众号和班刊上设置"亲子共读"栏目，定期推送家长和孩子关于亲子共读的故事以及读后感等。

家长"享"读 ◥

除了亲子共读，我们班每年度组织全班家长共读一本书。通过阅读推荐书目，更新家长的育人理念，提升家长的素养和家庭教育水平；通过共读，形成良好的阅读和学习氛围，在相互探讨、交流碰撞中获得更多阅读的愉悦感，共同成长。

1.共读书目的选定。

家长共读的书目，主要是以家庭教育为范畴。比如，近年来，我们推荐家长阅读《正面管教》《爱的教育》《孩子，请把你的手给我》《别和青春期的孩子较劲》等家庭教育著作。

2.共读过程记录。

家长在共读过程中，积极撰写读书笔记和读后感，并由家委会负责组织打卡统计收集，形成宝贵的文字资料。

3.共读成果分享展示。

和亲子共读一样，通过组织线下的读书沙龙，微信公众号和班刊上的"为你读书"专栏，将家长们共读的成果进行分享、展示。

（1）读书沙龙。

班级每年安排一次家长读书沙龙，由各小组选派优秀代表参加读书沙龙。参加沙龙的家长代表分享读书故事和读书成果，并就阅读中遇到的难点和大家感兴趣的内容展开讨论。在这几年举行的读书沙龙现场，家长们积极参与，分享经验，智慧碰撞，气氛热烈。

（2）开辟"为你读书"栏目。

在班级微信公众号设置"为你读书"专栏。这个专栏类似于"为你读诗"等网络上具有极好口碑的融媒体文化推广类产品的形式，家长化身主播，向全班家长推介一本好书或者一篇好文章。我们向全班家长征集稿件，并定时推送。这个栏目一经问世，便获得了广泛的支持，家长中间涌现出了一些因为爱阅读而"走红"的"主播"。我们通过这种创新的模式，借助当下强大的信息资源，搭建一个广大家长乐于参与的平台，以读促"享"，以"享"促读，形成良性的循环。

亲子"乐"动 ◥

1. 亲子活动的意义。

活动是最好的德育，陪伴是最好的家教。现今许多生活在城市中的父母与孩子沟通越来越少，渐渐地不自觉中忽略了孩子的内心需求。到一定时期却发现孩子由于逆反心理作祟，完全听不进父母的教导，父母亲对于以前乖巧听话而现在脾气暴躁的孩子困惑不解而不知所措，沟通出现了空前危机，亲子关系面临严峻的考验。我们可以通过精心设计一系列的生动、活泼、有趣的亲子活动，改善亲子关系，促进学生的健康成长。

2. 亲子活动的策划和组织实施。

亲子活动的策划和组织实施由班级家委会活动部负责完成。家委会根据实际情况，和班主任商议，确定亲子活动项目。然后，家校合作，拟定活动方案，并组织实施。

3. 亲子活动过程记录。

家委会宣传部和班级宣传部牵头，鼓励并落实家长和学生用文字或者图片、视频生动记录亲子活动的过程。每个家庭成员发挥自己的特长，选择自己喜欢的方式记录下一个个精彩或者感人的瞬间。

4. 亲子活动总结即成果分享展示。

和亲子共读一样，亲子活动的成果（包括活动过程的图文视频资料和活动总结感悟）通过线下线上平台进行展示，比如在班刊和班级微信公众号上分享展示。

我曾经在 2019 年暑假组织新组建的七年级新班举行"爸爸陪你一起看电影"活动。这是一项特殊的暑假作业，我发动全班的爸爸们利用休息时间，或者抽出工作时间，或者特意从外地赶回家里，陪孩子看一两场电影。爸爸们大多很支持。他们用实际行动告诉孩子，爸爸除了是那个会赚钱的人，还是那个会陪伴自己的人；爸爸在勇敢、坚毅的外表下，隐藏着一颗柔弱、温暖的心。我们还要求爸爸们写活动感悟。我们从爸爸的话语中，感受到了他们对孩子浓浓的爱意和殷切的期待，也感受到了他们对教育或深或浅的理解。他们中间，有的是第一次给孩子写信写留言，有的是第一次陪孩子进电影院看电影，但无论如何，这是一个美好的开始。全班绝大多数的爸爸和孩子一起走进电影院看了电影。大家积极行动，参与率极高，取得了良好的活动成效。

以下是部分家长的活动感悟。

《银河补习班》观后感

观看了电影《银河补习班》后，我深深地体会到影片中的父亲，在经历短暂的人生失败后，依然带着微笑面对生活。在和儿子交往的过程中，他用知识的力量正确引导孩子在成长路上做人、做事。父爱如山，让孩子在人生的道路上清楚地找到自己的目标，从而向着自己的梦想及目标前进。

其实在现实生活中，作为一名孩子的父亲，需要更多地改变自己，多花点儿时间陪伴孩子，多参与孩子喜欢的活动，多交流，多沟通，平等相待。多了解孩子的想法，正确引导孩子，帮助孩子朝着梦想、朝着目标一步一步脚踏实地地前进。就像电影里所说，"人生就像射箭，梦想就像靶子，如果你连靶子都找不到，那你每天拉弓有什么意义"，通过努力，相信自己终会到达成功的彼岸！

——G 爸爸

每一位家长都望子成龙、望女成凤，希望把最好的一切都留给子女，让子女少吃一些苦头。因此，家长们往往会给子女营造优渥的环境，却忽略了对子女的陪伴，错过了他们成长过程中最重要的阶段——人生观、价值观的形成阶段。"授人以鱼不如授人以渔"，家长不仅要为孩子提供更舒适的环境，更要以自己积极的三观去引导孩子独立思考、输送给他们适应社会的勇气和信念。

真正的人生难题，不会像试卷那样提供A、B、C、D四个选项，家长应该通过言传身教去启发子女，面对生活的问题时，通常不止有四个选项，还能有E、F、G、H……人生这份试卷，本来就应该是千姿百态的，而不是千篇一律。好的教育，就是去鼓励孩子不断地尝试，最终找到"箭靶子"，找到自己应对生活问题的办法。

没有天生就失败的孩子，失败的是错误的教育方式。在《银河补习班》中，马飞的妈妈和爸爸，都希望马飞能有个光明的未来，但采取的教育方式却天壤之别。妈妈外表火爆而内心坚忍，她的教育观念就是尽一切努力把最好的都给马飞，不希望马飞在教育方面输给其他人。因此，马飞被送进最好的寄宿学校，一来有更多的时间集中学习，二来可锻炼他的自理能力。结果，马飞成绩不仅没有起色，反而一直垫底。爸爸的教育观念则截然相反，他让马飞去体验大自然，去发展自己的兴趣，鼓励他是"世界上最聪明的孩子"，并带他去参观航展。最终，马飞成绩逐步提高，考进年级前十，当其他同学还在为高考发愁时，他已经被录取为飞行员。

在成长的道路上，方向和努力哪个更重要？越努力，就会越与众不同；但方向不对，努力就可能白费。为人父母，最好的教育就是启发子女找到积极的兴趣爱好，去交一份属于自己的人生答卷。

——T爸爸

看完《银河补习班》，我被深深地触动。影片中的马爸爸父爱如山，甚至牺牲了自己的全部，来陪伴孩子的成长。他将自己爱国、勇于担当、不服输、坚持追求梦想的精神通过言传身教，最终培养出了自信、执着、有理想，并能在危急时刻记住父亲的教导的孩子，化解了一次又一次的危机。如此优秀的孩子，成为祖国栋梁之才，为国争光，爸爸的教育功不可没！

而现今社会，大多数爸爸总是出于各种原因，忽视孩子的教育，缺席孩子的成长，显然是得不偿失。孩子需要爸爸，爸爸的陪伴至关重要，无论再忙，爸爸都要担负起应有的责任和义务，陪伴孩子，分享孩子的成功，成为孩子最坚强的后盾！

——×爸爸

《哪吒之魔童降世》观后感

哪吒，自古以来就是一个桀骜不驯的叛逆少年形象；他的出场，往往伴随着的是叛逆、不乖乖听话、想法奇特、行为大胆放纵等。总之，他是一个让所有人都头痛的角色，让人谈之色变。

然而，此次陪女儿看了电影《哪吒之魔童降世》后，我似乎又有了一个全新的认识：电影中的哪吒，不就是我们现实中家家都有的"熊孩子"吗？剧中的李靖夫妇和太乙真人就是父母和老师的化身。面对这个家家都有的"哪吒"，我们想对你们说，不管你们是怎样的，即使有些顽劣如"妖丸"，我们对你们都是只如初见，一如既往地关爱你们。你们每个都与众不同，是上天赐给我们的天使，我们会精心培育，静待花开。希望你们在老师的教诲下学会感恩、学会做人，开心学习、健康成长，不怨天、不信命、我有我光芒，通过自己的努力在新的学校、新的班级里遇到最好的自己。加油吧！"哪吒"们！相信你们是最棒的！

——L爸爸

电影《哪吒之魔童降世》创造了中国动漫电影史上多项纪录，在热情退却之际，影片带来的教育意义却一直让我回味。

哪吒是魔珠转世，从出生那天起，就被人们视为"妖怪""不祥之人"。但就是这么一个小孩子，身上却拥有着坚忍不拔、敢与命运斗争的精神和力量。

现实生活中，作为孩子的父亲，心底一直期望着孩子是一个了不起的孩子，拿着自己的标尺去衡量孩子，总觉得孩子不懂事，就知道吃，贪玩，不勇敢……不知不觉间孩子似乎成为了我眼中的"妖怪"了。

然而细想一下，孩子也是有情感的人，有想法的人，也有自己的闪光点，只是这些闪光点不知不觉间被自己忽略了，其实自己小时候不也是这样吗？

"人之初，性本善；性相近，习相远。苟不教，性乃迁；教之道，贵以专。"

今天的孩子优不优秀，其实跟我这个父亲的教育息息相关，之前应该是自己太过"放手"了，责任并不能完全在孩子身上。

虽然小学阶段的学习基础还不够扎实，但是我认为初中阶段应该还是有机会的。当然，留给自己的时间很紧迫，在初中的三年一定要和孩子一起加油，向命运挑战，我命由我不由天，持续保持激情和斗志，给孩子的初中生涯留下宝贵的精神财富。

——M 爸爸

作为父母，影片中最让我泪崩的是李靖的一句话：他是我的儿。短短五个字，包含了父母对子女所有的爱——哪怕整个世界都反对你，唯有父母能站在你身边。

有句话说，没有孩子，男人永远都是男孩。自从看到你的第一眼起，爸爸就决定，陪你一起长大。看着你从牙牙学语到现在的追风少年，想象着有一天你要单独面对生活的风风雨雨和承担应有的职责，爸爸就想你多学点儿本领，像哪吒一样敢于反抗所有的不公。

末了，对你的愿望，如同世上万千父母所期望的：一生平平安安，如能学习再进一步，那就锦上添花了。

——W 爸爸

4. 制订全家活动计划表

在家庭教育中，为使孩子更好地成长，创建一个理想的教育场域非常重要。那么如何创建？如何让家长更好地发挥家校共育中的作用？前面介绍的亲子活动就是重要的策略。这里再分享一种做法——制订全家活动计划表。

所谓全家活动计划表就是家庭所有成员一起制订一张活动计划表，活动计划表里包含每一个家庭成员单位时间内的作息和需要完成的目标任务。全家活动计划表可以说是作息时间表的升级版，里面除了包含作息时间，还包含着对每一个作息时间段内任务完成情况的评价以及情况说明与反思。

那么，制订全家活动计划表有何作用？

发挥家长的引领和示范作用 ❯

我们都说，言传不如身教，心动不如行动。制订全家活动计划表，家长带头严格遵守活动计划表里的作息规定，努力完成活动计划中的目标任务，做一个有计划的人、珍惜时间的人、言出必行的人，这样可以更好地发挥家长的引领示范作用。

实现相互提醒、监督、评价 ❯

有了全家活动计划表，每个家庭成员可以依据里面的内容，互相提醒、监督、评价。这样，有利于完成活动计划表中的目标任务，养成良好的行事习惯，提高单位时间内的活动效能。

形成良好的家庭氛围 ↘

有了全家活动计划表，全家一起朝着单位时间内共同的目标任务或者各自的目标任务努力，全家总动员，并根据计划达成情况，及时分享交流，相互督促鼓励。这样形成良好的氛围，即前面所提到的理想场域。每一个家庭成员在这一场域里，在愉悦的情绪中学习、工作和生活，实现共同成长。

以下是某一位学生的一张全家活动计划表。

小 P 同学家的中秋节全家活动计划表

时　间	活动任务	完成情况	备　注
7:00—7:30	爸爸妈妈起床洗漱		
7:30—8:00	妈妈做早饭 爸爸去菜市场买菜 哥哥（指小 P）和妹妹（指小 P 的妹妹）起床洗漱		
8:15—8:40	全家吃早饭		
8:40—9:40	爸爸妈妈去市场采购中秋节礼物 哥哥写作业 妹妹写作业	 ＊＊＊ ＊＊＊＊＊	哥哥开小差了
9:40—10:40	爸爸写材料（单位用） 妈妈刺绣 哥哥练习画画 妹妹练琴	＊＊＊＊＊ ＊＊＊＊＊ ＊＊＊＊＊ ＊＊＊＊＊	妈妈刺绣遇到难题，向奶奶请教
10:40—11:10	全家一起料理盆栽	＊＊＊＊＊	
11:10—12:00	爸爸给妹妹讲故事 妈妈做午饭 哥哥帮妈妈做午饭	＊＊＊＊ ＊＊＊＊＊ ＊＊＊＊＊	妹妹有时候走神了
12:00—12:30	全家吃午饭		
12:30—13:30	全家午睡		

时　间	活动任务	完成情况	备　注
13:30—14:30	爸爸继续写材料 妈妈研究美食 哥哥继续做作业 妹妹继续做作业	＊＊＊＊ ＊＊＊＊＊ ＊＊＊＊＊	爸爸写材料卡壳了
14:30—15:00	全家一起去爷爷奶奶家过中秋节		
15:00—16:00	爸爸、哥哥陪爷爷去地里劳动 妈妈陪奶奶一起刺绣 妹妹画画	＊＊＊＊＊ ＊＊＊＊＊ ＊＊＊＊＊	妹妹不够专注
16:00—17:00	爸爸、哥哥陪爷爷喝茶、下棋 妈妈、妹妹帮奶奶料理家务	＊＊＊＊＊ ＊＊＊＊＊	
17:00—18:00	爸爸妈妈陪爷爷奶奶做晚饭 哥哥妹妹在院子里玩		
18:00—19:00	全家吃晚饭		
19:00—20:00	全家一起赏月		
20:00—20:30	回自己家		
20:30—21:30	爸爸陪哥哥到小区楼下训练：跑步和跳绳 妈妈准备单位工会的节目 妹妹看动画片	＊＊＊＊ ＊＊＊＊	哥哥跑步可以，跳绳没有达到练习目标；妈妈没找到灵感，准备结果不理想
20:30—21:30	爸爸继续写材料 全家其他人娱乐时间（自由安排）	＊＊＊＊＊	
21:30—22:00	爸爸陪哥哥一起看书 妈妈给妹妹讲睡前故事	＊＊＊＊＊ ＊＊＊＊＊	
22:00	睡觉		

　　说明：完成情况一栏里的符号"＊"，表明对完成情况的评价。"＊"越多，表示完成情况越好。五个"＊"为最佳表现。有些活动，无须进行评价，故没有"＊"。

5. 家长微信群轮值和家长论坛

近年来，教育行政主管部门不断出台政策规定，对于家长微信群的管理要求越来越严格。据我个人了解，越来越多的家长微信群都变成了班级通知群。在各种规定的压力之下，不少班主任本着"多一事不如少一事"的想法，尽可能地减少使用家长微信群的次数，削弱家长微信群的功能，以此降低可能带来的风险。

那么，家长微信群真的只能是发发通知吗？"静默"真的是家长微信群唯一标准的氛围吗？家长微信群除了发通知之外，究竟还有什么功能？它是构建班级发展共同体，充分发挥家长在家校共育中的作用的重要平台。根据我的理解和实践经验，在遵守各项规定、明确责任边界的前提下，我们可以充分利用家长微信群这个平台。那么，如何发挥家长微信群的作用？这里介绍两种做法。

实施微信群家长轮值制度

所谓微信群家长轮值，就是每天安排一至两位家长在家长微信群里值日，全班家长轮流。这里有个重要前提，就是不能强制家长参与此项工作，必须是家长自愿。所以在实施轮值制度之前，必须跟家长很坦诚地说清楚两点：第一，这是为班级服务，不是硬性任务，如果确实因为工作比较忙或者其他原因不能参与的，可以不用参与，而且无须因此事有任何顾虑；第二，参加值日的家长任务很轻松，如果工作有疏忽遗漏，也不负任何责任。

在明确任务性质、消除家长顾虑的基础上，我们鼓励家长积极参与。有参加值日意愿的，向班级家委会报名。

那么，如何实施家长轮值制度？

第一，家委会根据家长报名情况，考虑到家长的工作性质、家庭情况等各方面因素，进行统筹安排。家委会每周安排一位家委担任值周家委，负责提醒和观测。

第二，值日家长每天只须完成几件小事。一是负责提醒。比如，有老师或者家委会发送通知布置任务，有些家长"疯狂"刷屏，影响大家阅读，或者有些家长长时间没有阅读消息，值日家长可以提醒。二是负责分享一篇与教育有关的文章或者一条与教育相关的信息。这样做，既可以让全班家长通过阅读文章和信息受益，也可以促使值日家长提前主动去寻找有价值的文章以及教育信息。内驱和外驱，双重驱动，从而铺设一条"参与—分享—共同成长"的教育路径。

设立家长论坛 ↘

除了家长值日之外，还可以在班级家长微信群开展一项非常重要的活动，那就是家长论坛。

所谓家长论坛，通俗地说，就是家长分享自己教育或者其他方面的观点、经验的平台。论坛可以在线下进行，比如家长会的时候，可以设置一个家长论坛的环节，请两到三位家长上台分享。

论坛也可以在线上进行。我们可以定期在家长微信群举行家长论坛。线上的家长论坛可以安排更充裕的时间，而线下家长会期间的家长论坛，考虑到各方面因素，每位家长分享时间不宜过长。这也是线上分享独特的优势。

我们可以每学期安排一次家长论坛，每次一个小时左右，每次安排两到三位家长，每位家长可以分享 20~30 分钟左右，这样家长可以比较充分地分享自己的观点和经验。家长论坛主要的话题和内容以"育儿"为核心，包括家庭教育、亲子沟通、家校沟通等。而与育儿相关的其他话题也可以分享，比如健康饮食等。

在我们班举行的家长论坛中，曾经留下了一些堪称"经典"的家长论坛课程。这里罗列其中几个家长论坛的课题："亲子阅读，想说爱你很容易""示弱，是一种勇气，也是一种智慧""营养搭配，能量加倍——谈孩子的早餐和夜宵"，等等。

6. 家长体验式值日

家长体验式值日就是班主任邀请部分家长到班级，代替班主任管理班级，完成班主任一天的工作任务，体验班主任在学校一天的生活。

设置家长体验式值日活动的主要目的有三个：一是充分发挥家长的作用，激发家长参与班级管理与建设的积极性，为班级的发展助力；二是使家长了解自己的孩子和同龄孩子在学校里的表现，了解班级的整体情况（即孩子在学校的成长环境），使家长更加立体地了解孩子，有利于更有效地开展家庭教育；三是使家长体验和理解当班主任的不易。值日家长感受班主任一天的常规工作，有时候还要处理突发事件和临时性任务，这样进行角色体验，换位思考，更能促进家长与班主任之间的相互理解。事实上，家长们参与值日体验后，感触很深，这项工作取得了良好的成效。

如何实施家长体验式值日活动？

频次上，一个学期安排一至两次为宜。过多，会影响班级的正常秩序，也会给家长增加负担。

时间上，家长体验式值日一般是挑选班主任出差或出于其他原因不在学校的某一个日子。这样可以使家长放开手脚开展工作。

人员上，值日家长一般由班级家委会的成员担任。相对而言，家委会成员对班级情况比较熟悉，工作能力较强，参与班级管理建设的积极性也较高。

因为家长代替班主任对班级进行管理，存在对班级情况不了解和业务不熟悉等情况，所以为确保班级的安定和正常运行，我首先会提前一周或者几天到学校德育处备案。届时，学校德育处相关老师会下班巡查。另外，会安排副班主任或者其他任课教师协助值日家长开展工作。当然，我们还需要提前告知班委会，提醒值周班长和值日班委密切配合值日家长的工作。

特别要指出的是，实施家长值日活动，必须遵循一个原则：自愿。决不能因此给家长带来额外的负担和压力。

以下是其中一位值日家长写的值日日志。

今天，有幸和 L 爸一起代表家委会来到学校，走进班级，担任班级的值日家长。我觉得这是家长参与班级管理的创意之举。首先要为班主任祁老师的奇思妙想点赞。

今天一天值日下来，总体感觉班级在祁老师接手几个月后，班风、学风都有明显的积极变化，尤其班级孩子们的精气神十足，让我们看到了班级的未来和希望。

一天下来，班级孩子纪律方面表现不错，没有发生什么明显的违纪行为。上课纪律很好，课间秩序基本良好。

班级同学在礼貌方面普遍很好。每次遇到我们家长和老师们，孩子们都会很热情地打招呼。班级也比较团结友爱，我看到很多同学经常在课下一起讨论作业，同学之间和谐相处，气氛融洽。

班级学习氛围也较浓。上课气氛比较活跃，举手回答问题的人很多。前面说到，很多同学课间还在做作业或者讨论学习问题。

当然，通过一天的观察，也发现班级存在一些有待改进的小问题。

1. 班级同学卫生意识普遍淡薄。班级地面上经常会有纸屑、果皮，还有食品包装袋等，卫生保持意识不够强。

2. 有些同学课间喜欢几个人抱在一起打闹，虽然只是玩玩，但还是有安全隐患。这些同学在我们提醒后，暂时有所改进。

3. 班主任祁老师授权让我们翻阅学生的作业，我们发现班级有些孩子字迹特别潦草，可以看出学习态度也有明显问题，有待改进。

一天的值日工作让我们看到了真实的班级，使我们更加全面直观地了解自己的孩子和班级其他孩子在学校的学习生活环境和状态，这对于我们家长而言是极为宝贵的信息。

　　一天下来，我们也真切地体验到当班主任的不易。班主任一天要做这么多的事，真的不是一般的辛苦。而我们也看到所有的任课老师非常敬业、非常辛苦。在这里请允许我们代表全班家长，向班主任祁老师和所有任课老师说一声：你们辛苦了，感谢你们每一天的付出！

　　总之，今天一天的收获很大，再次感谢祁老师！

值日家长：Y妈、L爸
××年×月×日

7. 有备而往，
提高家访的有效性

如今，线上家访的形式越来越普遍地被使用，甚至有的学校有的班主任干脆以线上家访完全替代线下家访。线上家访的出现和盛行，主要有两个原因。一是信息技术的发展和电子产品的普及。现在无论是城市还是农村，绝大多数家庭都有电脑、平板和手机等电子设备。这些电子设备广泛地应用于人们的工作、生活和学习中。尤其是最近几年，大量用于线上交流的应用软件应运而生，为人们的线上交流提供了更为便捷的途径。从电话到短信到 QQ 再到微信，从文字语音到视频通话，线上交流的场景越来越真实，体验感越来越接近于线下交流。二是受新冠肺炎疫情等影响，为了减少和避免人员直接接触，控制疫情，人们纷纷选择线上交流的方式。

诚然，线上交流有其独特的便捷性，是新的时代环境下非常重要的交流方式，但是，这里必须明确一种认知：线上交流不能完全代替线下交流，线上家访不能完全替代线下家访，开展线下家访是十分必要和重要的，线下家访有着线上家访无法实现的价值，有其独特的魅力。在我看来，线下家访才是真正意义上的家访。很多时候，只有走进学生的家，才能发现那里别有洞天。

家访的意义和价值 ↘

1.面对面交流有其独特的魅力。

面对面交流，交流双方会一同构建起一个独特的场域。对着屏幕远距离地交流，总会让人感觉不踏实不自然，而近距离地接触，会让人产生安全感，会感受到彼此的真诚。教师与家长在这种温暖美好的环境中开展交流，往往会更容易让人敞开心扉，展开坦诚而深入的交流。

2.有些话只有当面说，有些事只有当面解决。

有时候线上交流很难把事情说清楚，也容易引起误解，即便是用语音和视频联系。这是大家公认的线上交流的弊端。所以，遇到比较复杂或者比较敏感的事情需要解释说明、沟通解决的，去学生家家访，找家长当面沟通，是最好的选择。

3.走进学生的家，体现出教师对学生和家长的重视。

去学生家家访，充分体现了教师对学生和家长的重视。在我们的一般认识中，老师到学生家家访，是家里的一件大事。这是给家长打个电话、发个微信所无法相提并论的。老师平时上课、管班这么辛苦，还要特意跑到学生家家访，真心让人体会到老师工作的艰辛和对待工作认真的态度，还有对学生真正的关心。而到那些在学校表现一般或者比较差的学生家家访，更是让学生尤其是家长感受到老师那份浓浓的爱意和被重视被尊重的愉悦感、满足感。

4.走进学生的家，能发现"别有洞天"。

走进学生家，也许老师会发现藏在学生家里某个角落的秘密；会发现这个学生不为人知的另一面；会发现学生身上那闪闪发光的宝藏；会发现学生的世界原来"别有洞天"！我们都说每一个人的性格都是多元的，一个学生在学校里的表现往往只是其生命状态的小小一部分。也许那个在学校里学习上的后进生是一个劳动能手；也许那个在学校里内向木讷的学生，在家里却深谙待客之道，表现得十分热情；也许那个在学校里什么都懒得做的学生，在家里是一个特别勤快的人；也许那个在学校里各方面表现都很平庸、看似一无所长的学生，在家里却是一个身怀绝技甚至无所不能的十分能干的人……

走进学生的家，你才能真正了解学生平时生活的环境。家庭物质条件的好坏，也许去学生家看一眼就能知道个大概。而包括家庭氛围在内的学生平时生活的各种软环境，走进学生的家，也能了解一二。这些都是非常宝贵的第一手资料。

如何有效进行家访 ◥

1. 家访前充分准备。

我们都说，不打无准备的仗。为了提高家访的有效性，在家访前，班主任必须做足功课，做好充分的准备。

第一，准备好受访学生的成长资料。

我们班每个学生都有个人成长档案，包括电子资料和纸质资料。在家访前，先筛选出与本次家访有关的学生个人成长档案中的相关信息。这样，一是便于向家长有针对性、有重点地反馈学生在校表现，二是为选择确定家校双方交流的话题提供参考。当然，这里必须再次说明的是，我们准备的学生成长信息绝不单单是指考试成绩，而是指德智体美劳等各方面的表现。还要特别说明的是，我们准备的学生成长信息要尽可能涵盖优点和不足，我们要以分享成绩（不只是指学习成绩）为主，当然也不能只报喜不报忧。

第二，预设好家访的主要目标，拟定家访的主要话题。

做什么事，不能总是凭临场发挥。为了提高有效性，在家访前，先设定好本次家访的主要目标，拟定家访时家校交流的主要话题和内容，再根据现场实际情况进行调整。考虑到不同的时间段和学生个体的不同情况，每次家访所达成的目标是不一样的，因此，每次交流的话题和内容是不一样的。我们不要每次家访都面面俱到，而要有侧重点。

2. 家访过程中要有"礼"有"节"。

家访过程中还要做到有"礼"有"节"。所谓有"礼"，就是讲究礼节。班主任要注意说话的态度和方式，要尽可能地做到温和、平等，切忌居高临下，也不必低人一等。

所谓有"节"就是要有所节制，要学会调节。这里的节制主要是指节约时间，用合适的方式调控家校双方沟通的时间。有些家长明显有些话痨，如果任其尽兴发挥，一个人讲个半天都不在话下。而班主任家访也要讲究效率，也要合理分配时间。一个班这么多孩子，如果每次家访都要半天，任由话痨的家长发挥，那后果"不堪设想"。所以，我们要具备调控家访的节奏和时间的能力。这里的调节主要是指家校双方交流的话题和内容要根据实际情况进行调节。尽管家访前有预设有准备，但是家访的过程中会有很多动态的变化。比如家长突发的情绪，学生家里有新情况，交流时产生的碰撞，等等。这些因素都可能需要班主任及时调整谈话的方向和话题，以取得更有效的成果。

3.随身携带小礼物或者小奖品。

我喜欢在家访时带点东西到学生家。所带的东西除了前面说到的学生成长资料外，我还经常会带上奖品或者礼物。

如果学生最近有获奖的，带上奖品。去家访时，当着家长的面发，或者直接送到家长手里。这样的场景，家长往往会很开心、很兴奋、很感动，这种满足感和获得感，也会变成一种对教师的亲近感和信任感。

有时候，我还喜欢给学生带上一份小礼物。比如，给学生送上笔或者笔记本等文具，或者自己亲手做的点心。当然，给学生带礼物，礼轻情意重，点到为止。另外，当学生身体不舒服或者受伤，抑或家人有生病受伤的，我也会带一箱牛奶或者一点水果，这样做是把学生和学生的家人当作自己的亲人朋友。还是那句话，礼轻情意重，我们仅仅借此表达一份心意。

总之，这么多年来，我有过上千次登门家访的经历。这些经历给我带来了一个个意外的惊喜，留下了无数的感动和美好的回忆。

8. 爱心厨房，
最难忘的烟火味

我最近所带的几个班级，都有一个很重要的"秘密武器"：班级爱心厨房。这里先讲个故事。

有一年，我中途接了一个班。我的带班理念得到充分认可，班级各方面出现了明显的改变和进步，家长对于班级的关注和热情不断升温。

记得第一次期中考试后的一个星期天，几个租住在学校附近的家长连续发微信跟我说："祁老师，我们班住在学校附近的几个妈妈今天一起做了一桌子菜，想请班里这次期中考试考得好的和进步比较大的同学到我们家吃晚饭，吃好后，让他们回去晚自修。您也要一起来，您也辛苦了。"我很诧异，也很激动。我在想，我们班级今天下午班会课刚刚举行了期中考试表彰大会，奖励了成绩优异和进步的孩子，这几位家长这样的操作是不是很"神奇"？我很激动地回复她们说："你们该不会知道我们班下午班会课刚刚举行了期中考试表彰大会吧？"她们说："是的，班级发生什么我们都很关注。"尽管在我所带的班级，家长助力班级建设的积极性普遍很高，参与的形式很多，但是主动以这种方式参与还是第一次。

怀着新鲜、好奇和感动兼有的复杂心情，我带着今天受表彰的孩子们，一起赴这特殊的"宴席"。几位家长早就站在门口，笑脸相迎，把我们带进屋内。

一桌热气腾腾的丰盛的美味佳肴摆在我们的面前。有鱼、有肉，还有饺子。我和孩子们一起谢过这些热心家长之后，便大快朵颐。

用餐完毕，孩子们告别我和家长，急忙赶回学校参加晚自习；我留下来，陪家长们聊天。住在学校附近的四五个孩子的爸爸妈妈几乎都在。几位爱心妈妈说，下次班级还有类似的表彰会，就让我把受表彰的孩子带到这里来。以后班里的集体生日会也可以把这里当作第二个庆祝的场地，先在班级过，分吃蛋糕，再到这里吃大餐。遇到运动会等大型活动，妈妈们合作为班级孩子们制作点心……

听到这儿，我的心无比温暖，我想如此盛情，实在难却，那就接受爱心妈妈们的建议吧。当时，我灵感突现，就跟爱心妈妈们说："那行，我就听你们的，你们这个地儿就叫班级'爱心厨房'吧。"从此，班级爱心厨房便"横空出世"。

后来，我对班级爱心厨房这个新鲜事物进行了认真的思考。从第一家爱心厨房开业运营到现在，我先后带了几届学生，诞生了几家爱心厨房，算起来差不多十个年头了。在这个过程中，我们结合班级实际情况，对爱心厨房的运营机制不断进行优化，充分发挥其功能和价值。

所谓爱心厨房，就是由家委会牵头，选定离学校较近的某一个学生家的厨房作为特定的厨房，在这里烹饪用于班级活动的美食。除了离学校近之外，很重要的一点便是爱心厨房的主人要比较热心。因为要在爱心厨房里做美食，势必会在一定程度上影响主人的生活。

购买爱心厨房的食材费用一般从班级活动经费开支。有时候，爱心家长会主动捐赠适量的食材，作为班主任，我也会带头捐款捐物。

爱心厨房的厨师由固定人员和机动人员组成。固定人员主要是厨房所在的房子的主人，还有班级家委会劳动采购部的骨干成员，一般以3~5个为宜。而只要有空有意愿，每一位家长都可以成为爱心厨房的机动人员。

我们的爱心厨房曾经烹制出美味的彩色饺子，在期中期末总结或者节日庆典活动上为活动助兴；我们的爱心厨房曾经在传统节日——冬至那天制作各色冬至汤圆，给孩子们带来节日的问候；我们的爱心厨房曾经在学校运动会上烹制花色馒头、大饼、葱卷等特色点心，给孩子们补充能量。相比于有些班级总是买快餐、买奶茶，我们的美食更健康更营养也更有爱的味道。总之，一年里，总有那么几次，全班同学能享受到来自班级爱心厨房的爱心满满的美食。

那么，班级爱心厨房的意义与价值何在？

创新家校合作的模式 ◥

在教育实践中，我们都强调要家校同盟，深度合作，都希望家长能更多地参与班级的管理和建设。但很多时候，家校合作的方式是单一的，也是表面的。打造爱心厨房，无疑是家校合作的一种创造性的方式，是一种全新的模式。我所带班级的爱心厨房这一家校合作模式的诞生有其偶然性，但后续对爱心厨房这一新鲜事物的思考探索和优化完善，充分体现了班主任对这一方式的重视。它的出现，可以拓宽家校合作的广度，提升家校合作的深度。

给家长参与班级建设提供了全新的平台 ◥

前面案例里讲到，一个爱心厨房，其正常的运营涉及方方面面，从采购到烹饪再到洗刷、服务等，家长在参与的过程中，其相关的特长可以得到很好的发挥展示，也可以借此得到进一步的锻炼。重点说说烹饪。很多妈妈在烹饪的过程中，为了让孩子们享用不同品种、不同口味的美食，互相切磋厨艺，根据学生的口味，不断研究出新品。尽管爱心厨房的骨干成员是相对固定的几个，但其他家长偶尔也会参与其中。这个过程，对于提升家长参与班级建设的能力，增进彼此的友谊，都起到积极的作用。

让班集体变得更有温度和凝聚力 ◥

学生被表彰，可以享用爱心厨房精心制作的美食，这对学生来说是最好的奖励方式之一。学生生日，可以享用爱心厨房精心制作的生日大餐，或者和全班同学一起享用精美的糕点等，这应该是学生收到的最好的生日礼物之一。班级过节日或者举行大型活动，一起享用爱心厨房精心制作的美食，这可以大大提升节日的喜庆气氛。学生因为身体不适等特殊情况，没有吃晚饭，可以享用爱心厨房的家长特制的可口食物，这种雪中送炭的爱意，一定会让学生永生难忘。爱心厨房的开支中有全班家长和班主任的心意在，有时候班主任也会抽时间参与美食的制作。因此，无论是什么日子，什么原因，品尝着爱心美食，孩子们会不断感受到来自家长和老师的爱，来自班级的爱，对于这个班级会产生一种日渐浓烈的家的感觉。有爱的班集体会更有凝聚力，更团结，也更有温度。

有一年有段时间，我因为身体不适，吃饭没胃口。这个时候爱心厨房的主人和爱心厨师们发来一条短信：祁老师，知道您这几天经常往医院跑，身体不舒服，食堂的饭菜太油腻了，我们特地为您炖了白粥，还准备了咸菜等小菜，中午您走不开，要不这几天晚餐您到我们爱心厨房来吃吧。收到这样的短信，我的眼眶顿时湿润。

这么多年来，班级爱心厨房给我带来了无数的惊喜和感动，也留下了无数难以忘怀的深刻而美好的记忆。我总是能很清晰地想起孩子们在享用爱心厨房的美食时那开心和谐的场景，也永远无法忘记那几顿白米粥配小菜的晚餐。是的，关于爱心厨房的很多细节，已经深深地镌刻进我的生命里。

爱心厨房，最难忘的烟火味。

　　　　　　　　　　　　　　　高效能带班策略

图书在版编目（CIP）数据

高效能带班策略 / 祁进国著. —上海：华东师范大学出版社，2022
ISBN 978-7-5760-3265-9

Ⅰ.①高…　Ⅱ.①祁…　Ⅲ.①中小学—班级—学校管理　Ⅳ.① G632.421

中国版本图书馆 CIP 数据核字（2022）第 174422 号

大夏书系·全国中小学班主任培训用书

高效能带班策略

著　　者	祁进国
策划编辑	杨　坤
责任编辑	万丽丽
责任校对	杨　坤
装帧设计	奇文云海·设计顾问

出版发行　华东师范大学出版社
社　　址　上海市中山北路 3663 号　　邮编　200062
网　　址　www.ecnupress.com.cn
电　　话　021-60821666　　行政传真　021-62572105
客服电话　021-62865537
邮购电话　021-62869887　　地址　上海市中山北路 3663 号华东师范大学校内先锋路口
网　　店　http://hdsdcbs.tmall.com/

印 刷 者　北京季蜂印刷有限公司
开　　本　700×1000　16 开
印　　张　16
字　　数　244 千字
版　　次　2022 年 11 月第一版
印　　次　2022 年 11 月第一次
印　　数　6 100
书　　号　ISBN 978-7-5760-3265-9
定　　价　59.80 元

出 版 人　王　焰

（如发现本版图书有印订质量问题，请寄回本社市场部调换或电话 021-62865537 联系）